怎样培养孩子的
智力 和 能力

明 天｜著

揭开智力的奥秘，培养孩子的能力

中国石油大学出版社
CHINA UNIVERSITY OF PETROLEUM PRESS
山东·青岛

图书在版编目（CIP）数据

怎样培养孩子的智力和能力 / 明天著. -- 青岛：中国石油大学出版社，2023.12

ISBN 978-7-5636-8029-0

Ⅰ.①怎… Ⅱ.①明… Ⅲ.①儿童教育—家庭教育 Ⅳ.①G782

中国国家版本馆CIP数据核字（2023）第201412号

书　　名：**怎样培养孩子的智力和能力**
ZENYANG PEIYANG HAIZI DE ZHILI HE NENGLI

著　　者：明　天

责任编辑：朱纪寒（电话　0532-86981536）
责任校对：陈亚亚（电话　0532-86981536）
封面设计：孙晓娟

出　版　者：中国石油大学出版社
　　　　　　（地址：山东省青岛市黄岛区长江西路66号　邮编：266580）
网　　址：http://cbs.upc.edu.cn
电子邮箱：zhujihan2023@foxmail.com
印　刷　者：泰安市成辉印刷有限公司
发　行　者：中国石油大学出版社（电话　0532-86983437）
开　　本：710 mm × 1 000 mm　1/16
印　　张：9.5
字　　数：140千字
版　印　次：2023年12月第1版　2023年12月第1次印刷
书　　号：ISBN 978-7-5636-8029-0
定　　价：68.00元

前　言

　　人的智力问题，无论是从脑科学的角度，还是从人的心理和行为出发，至今仍未能被完全揭示。

　　在学习的过程中，孩子们的智力表现是丰富多样的，而在面对不同的环境和任务时，他们又展示出了各自独特的能力。遗憾的是，无论是从脑科学的角度，还是从人的心理和行为的角度，我们都未能为父母提供一套明确而有效的指导方案，以帮助他们全面培养和发展孩子的智力和能力。这主要是因为智力和能力的发展涉及众多复杂的因素，而我们对这些因素的理解仍显不足。

　　本书通过深入研究和分析孩子的行为、心理和思维现象，系统且全面地总结了智力和能力的内在规律，旨在为父母提供一个实用且可靠的指南，帮助他们更有效地培养孩子的智力和能力。同时，本书的研究对于脑科学领域也具有一定的启示意义。

　　经过深入分析，笔者认为，一个人之所以具备良好的智力和能力，原因之一在于他们拥有一个健康的情绪结构。因此，在后天的教育中，父母应该培养孩子的良好情绪，进而帮助他们形成健康的情绪结构。这种良好情绪的形成主要受到两个方面的影响：一是孩子受到父母行为的影响；二是孩子受到自主行为的影响。

　　父母的言行对孩子的情绪发展具有至关重要的影响，也是他们形成对人、事、物的心理认知及思维方式和行为模式的基石。因此，父母的言行举止和管教方式对孩子的智力和能力发展具有重要的作用，同时也对孩子的身心健康产生深远的影响。

本书为广大读者提供了学习与借鉴的丰富内容，衷心希望本书能为广大父母的家庭教育带来积极的影响，期待本书能产生更大的辐射效应。

笔者在本书的写作过程中参考了大量书籍及网络资料，在此向相关作者表示感谢。由于笔者水平有限及时间仓促，书中难免有遗漏或不妥之处，敬请专家、读者批评指正。

目　录

第一章　绪　论 / 1

　第一节　父母和家庭对孩子身心的重要影响 / 3

　第二节　家庭教育和家庭环境的作用 / 7

第二章　情绪因素对智力和能力的重要影响 / 9

　第一节　智力和能力的本质 / 11

　第二节　情绪和智力在学习中的重要作用 / 17

　第三节　情绪和情感与思维和行为的关系 / 17

第三章　人的情感结构 / 21

　第一节　情感结构对人的重要作用 / 23

　第二节　情绪的来源及性质 / 25

　第三节　不良情绪结构对孩子智力和能力的影响 / 27

　第四节　不良情绪结构对孩子心理的影响 / 29

　第五节　不良情绪结构是能够改变的 / 31

第四章　良好情绪与不良情绪 / 35

　第一节　良好情绪的来源及作用 / 37

　第二节　不良情绪的来源及作用 / 39

　第三节　情绪与感情 / 42

第五章　智力与其他特长 / 45

　第一节　不同领域中的智力因素 / 47

　第二节　兴趣对智力的作用 / 48

　第三节　情绪结构对智力的作用 / 50

　第四节　情商与智商的特点及作用 / 52

第六章　自由、独立、宽松的空间对孩子的重要作用 / 55

　第一节　孩子需要自由与独立的空间 / 57

　第二节　孩子需要宽松的空间 / 65

第七章　孩子在自我实践中表现出的不同能力 / 69

　第一节　孩子在做家务中表现出的能力 / 71

　第二节　孩子在遇到问题和挫折时表现出的不同能力 / 73

第八章　父母的需要及其对孩子的影响 / 77

　第一节　人的需要对自己和他人的影响 / 79

　第二节　人的自我性及特点 / 80

　第三节　人的需要的最大化及不良影响 / 81

　第四节　人对面子的需要及影响 / 82

第九章　家庭类型及其对孩子的影响 / 83

　第一节　传统型的家庭 / 85

　第二节　宽松型的家庭 / 86

　第三节　溺爱型的家庭 / 86

　第四节　父母行为严重化的家庭 / 87

第十章　父母最有效的两种言行方式 / 91

　第一节　父母对孩子温柔、和缓的言行 / 93

　第二节　父母与孩子平等、友好沟通的言行 / 95

第十一章　教育方式对提高孩子智力与能力的重要作用 / 97

第一节　家庭教育的本质及特点 / 99

第二节　在具体事情或具体环境中的教育 / 100

第三节　父母自身行为要合理、恰当且真实 / 104

第四节　父母管教孩子应是合理且恰当的 / 107

第十二章　婴幼儿期，孩子智力与能力的培养 / 113

第一节　婴幼儿期，孩子需要自由、独立的空间 / 115

第二节　婴幼儿期，父母行为要合理且恰当 / 118

第十三章　父母其他行为对孩子的影响 / 121

第一节　多愁善感型父母对孩子的影响 / 123

第二节　特殊家庭的父母对孩子的影响 / 124

第十四章　案例分析 / 127

孩子厌学或不上学 / 129

人的抑郁情绪和抑郁症是怎样产生的？ / 131

人的焦虑症及强迫症是怎样产生的？ / 133

心理问题与精神问题的区别 / 134

孩子胆小、自卑、怕生人 / 135

不合理的需要被拒绝后，孩子哭闹 / 136

孩子爱撒谎 / 137

孩子对爸爸妈妈发脾气 / 138

孩子的自我意识和攻击行为 / 139

家庭关系紧张导致孩子产生自杀倾向 / 140

结束语 / 141

第一章

绪　论

第一节 父母和家庭对孩子身心的重要影响

一、父母对孩子身心的重要影响

我们每个人的智力和能力都是由多种因素共同决定的。除了先天遗传因素的影响外，父母的行为、家庭环境对每个孩子的影响是巨大的。家庭是孩子寄托身心的地方，孩子从父母那里可以获得爱、呵护和安全感等基本且重要的需求满足。家是最温暖、最安全、最放松、最舒适的地方，因此家庭会对孩子的身心健康产生重要影响。如果孩子严重缺失对父母的亲情需要，那么可能会导致孩子形成严重的不良情绪。在未来的生活中，孩子会出现轻重不等的心理和行为问题，甚至可能引发精神疾病。这些问题同时会对孩子的智力和能力发展造成较大的不良影响。

孩子对父母言行的接受度很高，他们天然、无条件地接受父母的行为和观点。例如，当父母尊崇不良的金钱观和权力观时，孩子很容易接受这些观念影响并形成自己的价值观。这样的孩子甚至有可能向其他小朋友或大人炫耀自己的父母如何挣钱或有特权。又比如，对于孩子小时候没吃过的东西，如果父母说好吃并说出好吃的理由，那么孩子通常会觉得好吃。父母的饮食特点容易影响孩子的饮食习惯。如果孩子经常看到父母读书，那么他们会认为读书是值得推崇的事情，并因此培养出对阅读的兴趣。同样，如果孩子看到父母对爷爷奶奶很孝顺，那么他们会认为孝顺是一种美好的品质，并学会孝顺长辈。如果孩子看到父亲喜欢修理东西并展现出一定的技术，那么他们会认为修理东西是一项有趣且有价值的活动，并可能因此形成自己的兴趣。

如果父母的言行不是针对孩子，不会让孩子感受到压力，那么孩子通常会顺从。如果父母的言行是专门针对孩子，让孩子感受到合理的压力，那么孩子也会接受并从中学习。然而，当父母的言行专门针对孩子，并给孩子带来不良压力时，孩子会承受压力，并可能受到负面影响。比如，当父母对孩子进行严厉的批评、训斥，或者羞辱、贬低、打击、打骂等行为，使孩子感受到较大的压力时，孩子即使有反对或反抗，也往往是被动的、有限的。

孩子犹如一张白纸，他们的身体和大脑发育尚未定型，尚未形成固定的特质。孩子本身并不会具备突出的特点和优点，也不会有顽固性的缺点和不良行为，他们之所以表现出调皮、不听话或过度的不良行为，往往是由后天成长环境的不良影响引起的。孩子的调皮、打架、厌学、网瘾、性格孤僻、早恋、不良举止、怪癖等问题，往往源于家庭中父母的行为影响，是长期积累、固化的不良情绪所导致的。这些行为问题的背后，必然有父母言行对孩子的影响。

我们每个人或许可以在一定程度上摆脱外界的人、事、物的影响，但和父母的关系却是无法回避和摆脱的。从精神层面来看，父母对家庭

成员，特别是对孩子的约束、限制和管控行为具有无限的可能性。这些行为，无论是说教、批评、打击还是贬低，都可能体现在生活的任何事情和细节中。父母在管教和控制孩子方面并没有明确的标准，很多时候是由父母自行决定的。父母的不当行为很可能对孩子的身心健康产生不良影响，甚至可能导致孩子在各种事务中的能力受到损害。

现代社会组织对人的精神和身体上的约束、限制和控制通常都是有限度的。相比之下，父母对孩子的身心影响却是巨大的，深远地影响了孩子的智力和能力的发展，甚至决定了他们的一生走向。

父母的言行和家庭环境在塑造孩子的情感结构、性格、价值观、思维模式和行为模式方面起着重要的作用，触及孩子在各种事务中的智力、能力和特点。不仅如此，这些影响还直接关系到孩子的命运和前途，并最终会对社会产生广泛而重要的影响。

二、家庭对孩子身心的重要影响

（一）家庭环境对孩子身心的影响

家庭环境主要是由父母的行为塑造和形成的。由于父母的特点各异，不同的家庭所形成的家庭环境也各不相同，甚至存在巨大的差异。这种差异不仅源于物质条件、身份地位的不同，还源于他们的情绪结构、需求和行为特点的差异。在有多个孩子的家庭中，父母对每个孩子的态度和行为往往不尽相同，这导致每个孩子感受到的家庭环境也存在差异。这种差异对每个孩子的情绪、感情特点及性格的形成产生深远的影响。

当然，孩子性格的形成是多

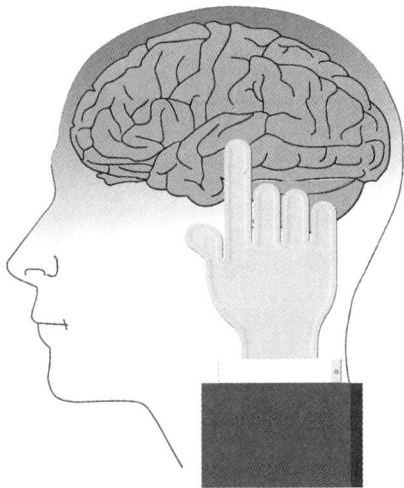

方面因素共同影响和作用的结果，家庭因素只是其中的一部分。同时，大多数人的性格都具有多样性，往往包含多种特点，而非在单一情境中形成的单一特点。孩子的成长与外部环境密切相关，但个人的内在因素往往发挥着更为重要的作用。缺乏良好的个人素质，即使面对绝佳的机遇，也难以取得成功。相反，那些具备优秀个人素质和行为的人，往往更容易得到机会的眷顾。

（二）理想家庭环境的概念

什么样的家庭环境被视为理想型呢？理想的家庭环境应有助于孩子的身心健康，促进他们智力与能力的发展。当孩子具备良好的智力和学习能力或在适应环境方面展现出优秀的能力时，这往往归功于父母的悉心培育与优质的家庭环境。

孩子的智力受到先天因素的影响，但后天环境同样扮演着至关重要的角色，甚至在某些方面起着更为主导的作用。智力的先天遗传因素主要包含两个方面：一是大脑的物质结构，如某些孩子的大脑神经元先天就相对发达；二是人的先天情绪因素，孩子们在情绪上表现出一定的先天性差异。然而，即便孩子拥有优越的先天条件，若缺乏优质的后天成

长环境，其智力与能力的发展也可能受到严重制约，甚至导致先天优势荡然无存。人的大脑结构在后天环境中会不断经历变化与发展。通常情况下，文化程度高的父母既能为孩子提供良好的基因，又能为孩子创造优越的家庭环境，从而有助于孩子智力的发展。除了极少数智力超常儿童外，大多数孩子的大脑在结构上并没有显著差异，因此后天因素对孩子大脑和身体发育的影响显得尤为关键。

一般情况下，父母若拥有较高的文化水平，通常也会展现出较高的素质，他们的性格和行为往往更为严谨和自律，很少出现过度或不恰当的行为，如情绪化等行为。由于这些父母具备较高的文化或专业素质，他们的家庭往往能营造出更优质的家庭环境，从而对孩子产生积极的影响。虽然良好的家庭环境对孩子的智力和能力的发展至关重要，但是并不意味着只有文化水平高的家庭才能营造出更优质的家庭环境。事实上，父母肯付出努力，即使是条件一般、父母文化不高的家庭，也有可能培养出智力出众、学习优秀的孩子。

第二节 家庭教育和家庭环境的作用

家庭环境主要是由父母的行为塑造的，而父母的行为作为家庭教育的重要组成部分，发挥着不可或缺的作用。家庭教育的核心目标在于培养孩子健康的身心，以及优良的智力和能力。一个身心健康的孩子，通常能够避免心理和精神问题的困扰，这对于他的学习、生活及行为表现都有至关重要的作用。若这个孩子出现心理或精神问题，可能会在不同程度上影响他的各项能力。然而，健康的身心并不能完全保证孩子在学习或其他方面具备出色的智力和天赋。

一般情况下，孩子若具备良好的智力和能力，往往也会相应地拥有健康的身心。家庭教育和家庭环境的核心作用正是为了培养孩子的智力和能力。这一过程是通过父母的家庭教育，特别是他们的良好言行和对孩子合理、恰当的引导与教育来实现的。孩子的稳定、常态化的良好情绪，以及由此形成的健康心理，对其智力和能力的发展起着重要的作用。

父母的家庭教育因素不仅涵盖他们的言行举止，还包括对孩子进行合理、恰当的引导和教育。这些因素共同作用于孩子，塑造他们良好的情绪状态，以及自律、恰当的行为模式，进而决定其智力和能力的发展水平。

第二章

情绪因素对智力和能力的重要影响

第一节　智力和能力的本质

　　智力表现在应对复杂、具有挑战性或内容丰富的任务中。在处理这类任务时，孩子的智力往往会受到考验，特别是在学习过程中，智力因素的作用尤为突出。一般情况下，智力包括注意力、记忆力、理解力和逻辑思维能力等方面。孩子的学习活动往往涉及大量且复杂的内容，难度各异，这对他们的智力因素提出了更高的要求。无论是自主阅读、完成作业，还是听讲或参加考试，都需要他们具备良好的注意力、记忆力、反应速度、理解力和逻辑思维能力。

　　在实际工作中，我们要想取得良好的工作成果，除了需要勤奋、努力和投入等态度因素外，还需要展现出优秀的智力因素。尤其在孩子的学习中，复杂的、内容繁多的任务更凸显了各智力因素的重要性。智力是完成复杂、有难度任务的关键能力，而良好的注意力、记忆力、理解力、反应力和逻辑思维能力则是智力的重要影响因素。

　　值得注意的是，良好的情绪结构对智力因素具有重要的影响。我们的情绪状态会深刻且微妙地影响大脑功能，进而影响智力因素的清晰性、稳定性和高效性。高效性意味着大脑活动时会表现出轻松、容易、快速且费力小的特点。清晰性、稳定性和高效性是孩子拥有良好智力因素的基本条件和必要条件。因此，孩子身上稳定的情绪因素对其智力和能力的发展起着重要的作用。

　　在我们学习或做事的过程中，保持自由、放松的身体和心理状态有助于发挥出最佳的智力和能力。无论是大脑功能，还是身体素质，只有在放松状态时，才能达到最佳效果。在这样的状态下，大脑的记忆力、注意力、反应力、理解力和思维能力等能够更好地发挥作用，相应的大脑活动也会更加高效。例如，在放松状态下，人的记忆力会更加清晰且稳定，注意力会更加集中且稳定，反应力会更加敏捷，理解力会更加深刻且全面，思维能力会更加清晰、稳定且高效。我们的思维活动大多基于已有的知识和经验，建立在各种智力因素上，并受到情绪和心理状态的影响。

当人们处于紧张、压力、畏难、不安等不良情绪中时，无论是进行学习，还是进行工作，特别是面对复杂和有难度的任务，如运动员进行比赛，都难以达到最佳效果或取得最佳成绩。例如，大脑各智力组织的信息传递可能受到阻碍，导致各智力因素变得不清晰、不稳定和不高效，从而影响我们的智力表现。然而，需要强调的是，自由、放松的状态并不等同于懒散、消极或被动的放松。相反，它是一种积极的状态，有助于我们更好地应对挑战和发挥潜力。在这种状态下，我们能够更加清晰地进行思考，保持稳定的表现，并高效地完成任务。

我们每个人的情绪结构主要由大脑中特定的物质组织结构决定，同时塑造了我们身上固定化和常态化的情绪状态。这些大脑组织结构会影响我们产生特定的情绪化行为，如多巴胺、肾上腺素、5-羟色胺、血清素和内啡肽等。拥有良好情绪的大脑组织结构会倾向于产生促进良好情绪的化学物质，从而使我们更容易体验到积极的情绪。相反，存在不良情绪的大脑组织结构则会促进不良情绪化学物质的产生，导致我们更容易出现消极的情绪。

我们每个人都有固定化、常态化的良好情绪结构，即稳定的良好情绪状态，使我们对待人、事、物时容易保持平和、稳定的心态。这种情绪结构倾向于产生不排斥、不对立的心理状态，使我们更容易接受和包容各种人、事、物。这种情绪状态进一步促进我们的身体和心理达到自由、放松、平静和稳定的状态。相反，当我们的心情不好时，我们往往会对周围的事物感到烦躁，难以接受，这也使得我们的身体和心理状态

变得紧张和不放松。因此，保持良
好的情绪结构对于实现身心自由、
放松和平静至关重要。

　　只有当情绪良好，对人、事、
物持有接受和包容的态度时，我们
才能达到自由、放松的状态。例
如，面对喜欢的人、事、物时，我
们会感到高兴和愉快，并因此感到
自由和放松。相反，如果我们对某
些人、事、物存在戒备、不信任、
不满意，甚至产生排斥、对立、厌
烦等负面情绪，那么我们就无法拥
有积极和放松的心理状态，而是受到不良情绪的束缚和控制。

　　为了能够对人、事、物保持平和、稳定的良好情绪状态，我们需要
具备良好的情绪结构。这样，我们才能更容易对人、事、物持有接纳的
态度，从而在面对各种情况时都能保持放松的心理状态。

　　特别是在面对和处理复杂的事情时，如果我们能保持清晰的、稳
定的、高效的智力状态，那么我们就更有可能把事情做得更好，达到更
高的水平。相反，如果我们情绪不佳或受到不良情绪的困扰，当面对复
杂、有难度、涉及内容多的事情时，我们就很难发挥出最佳水平。对于
孩子来说，这一点同样适用。

　　当我们持续加强在特定方面的良好情绪时，我们的大脑和思维在该
领域就可能会展现出卓越的能力，这可以视为一种天赋。尤其是在孩子
的学习过程中，只有具备稳定的良好情绪结构，他们才可能拥有高水平
的智力。如果孩子具备良好的情绪结构和智力，并能对学习产生特别的
兴趣，那么他们在学习上就更可能展现出天赋，并有可能成为学业上的
佼佼者。

　　不良情绪容易导致我们对人、事、物产生戒备、不信任、不满意、不认可、厌烦、厌恶、排斥、对立、紧张、压力、消极、怀疑、烦躁、畏难、畏惧等负面情绪感受和心理状态。这种心理状态会剥夺放松、平静和稳定的良好情绪，进而对大脑产生负面影响，导致注意力、记忆力、理解力、反应力、思维力等方面的工作效率下降。在这种状态下，各智力因素可能变得不清晰、不稳定、不高效，我们的大脑可能会感到不清醒，变得模糊、迟钝，甚至出现恍惚感。这种不良情绪的束缚和制约对思维的清晰性、稳定性和高效性造成显著的影响，特别是对孩子来说，这种情况更为明显。

　　思维能力是智力因素中的核心因素之一，它涵盖了感知、认识、理解、疑问、分析、判断、概括、抽象等一系列活动，并引领和协调其他智力因素的运作。然而，智力因素同样对思维产生重要且直接的影响。当智力因素表现不佳时，它们会对思维造成制约、束缚和阻碍，导致思维变得不清晰、不稳定和不高效，从而降低思维的效率。相反，良好的智力因素能够为孩子奠定坚实的思维基础，助力他们拥有出色的思维能力。

　　大脑的反应能力主要体现在对客观事物或信息的感知活动上，比如在观察某些事物时，大脑会作出相应的反应。学生在听课过程中，也会对老师讲述的内容产生感知反应。这种反应能力的优劣，直接取决于大脑相应组织感知活动的清晰性、稳定性和有效性。因此，它是一项非常重要的智力因素。然而，大脑的感知活动也会受到情绪的影响。不良情绪可能会削弱感知活动，使感知变得模糊、迟钝和停滞，从而影响其清晰性、稳定性和高效性。特别是在面对复杂或内容繁多的信息时，如果学生处于紧张、不安、畏难、浮躁、烦躁、急躁、厌烦、排斥等不良情绪中，那么他们的感知能力更容易下降。在这种情况下，即使付出再多的努力，大脑也无法清晰地感知信息，甚至可能拒绝接受信息。例如，在课堂上，学生虽然可以听到老师的声音，但是无法清晰地理解老师所讲述的内容。此外，不良情绪还可能对注意力产生不良影响，并进一步影响感知能力。如果孩子的感知能力不佳，那么他们的思维能力会受到相应的影响，从而变得不清晰、不稳定和不高效。例如，当孩子在解题的过程中展现出清晰、稳定且轻松的思维能力时，他们的反应和思考速度将会变得迅速且高效。这种状态使他们的思维更容易找到解决问题的方向或方法。因此，孩子的解题能力得以提升，学业成绩也往往会更好，并表现出优秀的智力水平。

注意力是我们智力中不可或缺的重要因素，但它极易受到情绪的影响。紧张、压力、不安、畏难、浮躁、烦躁、急躁、厌烦、排斥等不良情绪都可能对注意力产生负面影响。这些情绪会削弱注意力，导致人们容易分心，或者需要付出更多的努力来提高和维持注意力。当注意力不佳时，它会对思维产生不良影响，使思维变得不清晰、不稳定和不高效。

与此相反，专注力是一种高水平的注意力，它通常源于对某件事情具有特别的某种情绪和兴趣。这种高度的专注力可以对思维产生积极的影响，促进思维的清晰性、稳定性和高效性。

人的智力表现不佳，除了先天缺陷、大脑受损、营养缺乏等原因外，通常是由大脑中的不良情绪对智力因素的长期影响所致。智力优秀的孩子在阅读、听课、做作业时，心理和大脑都保持放松和轻松的状态，各智力因素运作良好，思维清晰、稳定且高效。在这种状态下，他们的智力因素能够自然而然地融入所做的事情中，并发挥出最佳效果。相反，智力表现不佳的孩子在学习、听课、做作业时，他们的智力因素更容易受到不良情绪的制约和阻碍，导致他们难以轻松地将智力投入所做的事情中，或者需要付出更大的努力才能取得相同的效果。

综上所述，智力因素的好坏是由人的情绪结构和大脑物质基础决定的。

我们的智力和能力与我们的情绪质量之间存在正相关的关系。当良好情绪得到持续的强化时，大脑的组织结构也会相应得到强化，从而促进智力组织的发展，使其更加发达。这种发展增强了大脑抵抗不良情绪和其他不良因素的能力。因此，人的记忆力、注意力、反应力、理解力和思维力等智力因素会得到提升，其清晰性和稳定性也会相应提高，从而使得这些智力因素更容易发挥作用，大脑在思考问题时所需付出的努力得以减少，同时大脑的信息处理能力得以增强。简而言之，大脑能够更轻松、更高效地思考问题，并且具备更强的能力来高效地学习大量信息。

良好情绪能够有效抑制不良情绪的发挥和发展。相反，当不良情绪持续得到强化时，它会抑制良好情绪的展现和发展。如果大脑中负责处理情绪的区域过于活跃，那么我们更容易产生不良情绪。这会对我们的智力的发展产生阻碍，无法充分发挥作用。

情绪质量和智力因素的好坏程度共同决定了每个人在学习成绩上的差异。构建良好的情绪结构，意味着是在构建良好的身体和大脑系统。个体之间的不同，很大程度上源于他们身体和大脑系统的差异。

当然，态度和意志力在一定程度上会影响我们的智力和能力，但这种影响通常局限于相对简单的工作和任务。对于简单的工作，我们的意志力可以促使我们采取认真、严格、自律的态度，从而展现出较强的专注力和思维能力，使工作完成得更好、更完美。然而，在复杂的、内容丰富的、具有挑战性的工作或任务中，以及在技术要求较高的工作中，仅仅依靠态度和意志力是不够的。在这些情况下，智力和能力的作用更加显著，而意志力的影响则相对有限。特别是当个体面临过多或过强的不良情绪时，他们的意志力可能会受到严重影响，难以发挥作用。

第二节　情绪和智力在学习中的重要作用

学习主要是一种对复杂、客观知识的理性思维认知活动，它涉及大量的信息处理和抽象思考，通常脱离了具体的实物、现场和环境。这种学习活动相较于在实物和实际环境中进行的学习，需要付出更多的努力。

完全抽象化的学习与在实践中的学习之间存在一定差异。在实践中学习，因为有具体的实物和环境作为参照，所以学习过程通常更加形象，因此相对来说会更为简单和容易。

智力因素是参与复杂学习活动的关键要素。良好的情绪结构对于充分发挥我们的智力至关重要。同时，我们的心理和认知活动也会对情绪产生影响，形成良性或恶性的循环。表现优秀的孩子往往会持续表现出色，而表现不佳的孩子可能会陷入恶性循环，难以摆脱困境。特别是那些情绪结构不良的孩子，他们在学习过程中更容易产生畏难、厌烦等负面情绪，从而陷入被动接受的状态，使得他们的智力难以得到充分发挥。

第三节　情绪和情感与思维和行为的关系

一、理性思维能力

人通常都具备理性思维能力。没有理性思维能力，我们就无法正确地处理事情，即使是简单的事情。例如，下雨的时候，我们需要理性地思考并带上雨伞，以避免被雨淋湿。当我们需要前往某个地方完成某项任务时，我们需要理性地规划如何前往、需要携带哪些必要的物品，以及如何最省时省力。这些都是理性思维在现实生活中的具体应用。相比之下，不理性的行为往往会导致事情处理不当，甚至失败。

在做事情时，我们会展现出自己的理性思维能力。以找不到重要物品为例，面对这种情况时，我们可能会感到急躁和焦虑，但如果我们具备良好的理性思维能力，就能避免被情绪左右，而是冷静地进行分析。我们会根据物品的大小、用途、使用情况等因素，推断它最可能放置的位置，从而更有效地找到物品。这种处理方式凸显了一个人的理性思维能力。即使是看似简单的日常事务，我们要处理好，也需要一定的理性思维能力。因此，良好的理性思维能力对我们的日常生活至关重要。

二、情绪和情感

我们做任何事情都必须遵循自然规律和社会规律，这要求我们具备

理性思维能力。然而，人类不仅仅是理性的存在，我们同样拥有情感和情绪。实际上，我们在考虑问题和采取行动时，往往受到自己的感觉、感受和需要的影响。这些需要和达到一定程度的感觉、感受会催生相应的情绪或情感，而这些情绪或情感又会进一步推动我们的理性思维能力的发展。因此，理性和情感在人类的决策和行动中都是不可或缺的。

我们的冷、热、饥、渴等感受及由此产生的需要，会激发相应的情绪。在夏天高温时，我们会感到烦躁不安，产生不良情绪，这种情绪会推动我们去思考如何获得凉快。当找到降温的方法时，我们会感到高兴，并付诸行动。同样，当感到寒冷时，难以忍受的不适感会催生不良情绪，促使我们寻找温暖。而解决寒冷的方法则会带来愉悦感，促使我们采取取暖措施。饥饿和口渴也会产生类似的情绪和推动行为。此外，当感知到危险时，恐惧情绪会促使我们采取避免危险的行动。与亲朋好友的情感联系，如友情、亲情，同样会产生相应的良好情感和推动行为。对尊严和面子的追求，以及获得好的收入或发展机会，都会引发相应的情绪并推动我们的行为。总而言之，人的各种情感和欲望，包括爱和恨，都会直接影响我们的思维和行为。这些都是人类正常的思维和行为能力的体现。

当然，我们在不同情境下产生高兴或不高兴、好的或不好的情绪都是合理的，这些情绪都有其相应的作用。例如，高兴、快乐、兴奋等积极情绪对人的身心放松和能力提升至关重要。如果一个人长期缺乏这些积极情绪，就可能会出现问题。同样，压力、压抑、紧张、不安、恐惧、愤怒、悲伤、厌烦、厌恶、烦躁、急躁、排斥、对立等消极情绪在相应情境中的表现也是正常的。例如，遇到危险时产生恐惧情绪并采取相应的避险行为是合理的。受到侵犯或不良对待时，产生排斥、对立情绪，甚至采取反抗行为也有其合理之处，这可能会促使我们改变自身行为或寻找解决方案。总之，这些情绪和行为反应都是人类正常的行为能力体现，有助于我们适应环境、保护自己并寻求更好的发展。

　　然而，当我们在某些事情中体验到的情绪或感情过于强烈，超出了一定的界限，或者我们在某些情况下频繁地产生各种不良情绪时，我们就可能失去自我控制，导致行为过度，甚至异常。在这种情况下，我们可能会被情绪或感情所限制、所控制。这不仅会破坏我们的心理状态，还会降低我们大脑的理性思维能力。因此，我们需要学会控制和管理自己的情绪，以保持清晰的思维和良好的心理状态。

第三章

人的情感结构

第一节　情感结构对人的重要作用

每个人的成长环境各异，这形成了我们身上独特的情绪结构和感情结构。父母的行为和言语，无论是否针对孩子，都会对孩子产生深远的影响。在不断接收并强化这些情绪或感情的过程中，孩子会形成自己固定的情绪或感情模式。这些固定的情绪或感情模式不仅影响人的思维，还塑造了人的行为，如急性子、慢性子、外向型、内向型、谨慎型、倔强型、胆大型、胆小型、粗放型、精明型、完美型和感情丰富型等，这些性格特征都是由人们身上固化的情绪和感情不同导致的。这些不同的性格类型决定了人们在面对各种情境时的思维方式和行为反应。因此，人与人之间的差异是由我们身上固化的情绪和感情的不同造成的。

人们的情绪构成丰富多样，有人以积极和乐观为主，有人则更多地展现出自私和以自我为中心的特质，还有些人可能更容易表现出多愁善感或者豪放和大度的情绪。然而，也有一部分人在面对特定事物或环境时，更容易产生如紧张、压力、压抑、焦虑、畏难、烦躁、浮躁、急躁、排斥、对立等不良情绪。这些不同的情绪特点，在很大程度上决定了每个人的思维方式和行为模式。

情绪和情感结构不仅深刻影响了人们对人、事、物的心理感受和心理活动，还引发了不同的行为反应。换句话说，每个人的情感结构都是独一无二的，它推动着我们进行不同的心理认知和行为活动。这些心理活动和认知活动是我们思维活动的重要组成部分，是智力和能力不可缺的部分。因此，情绪和感情在很大程度上影响着人的智力、能力和行为表现。

我们每个人的情绪、感情和感受都深刻地影响着我们的思维。而这些受影响的思维进一步构成了我们的心理和认知活动。对于某些事情，我们自然而然地产生一些简单的意愿或想法，这就是我们的心理活动。而当我们对这些事情进行更深入的认识和思考时，就形成了我们的认知活动。例如，人们有交友和追求良好情感的需要，这就会引发与某人建立友谊的想法，这属于心理活动。然而，对于如何与人建立友谊，不同的人有不同的认知。有的人认为朋友间应互相帮助，而有的人则认为仅有愿望和热情是不够的，还需要有合理、恰当的行为，以及一定程度的理解和宽容。

同样，在工作方面，我们有做好工作和追求进步的需要；在学习方面，我们有不断追求积累知识、提升自我的需求。这些需求背后都包含了我们的心理和认知活动。由于个性特点的差异，不同的人对这些需求的心理和认知可能会有所不同，甚至存在较大的差异。因此，对于同一件事情，由于人们的情感结构、观点和观念不同，可能会导致心理和认知的差异，从而影响行为和结果。一般来说，合理、恰当的心理和认知会导向好的结果，而不合理、不恰当的心理和认知则可能导致不良的后果。

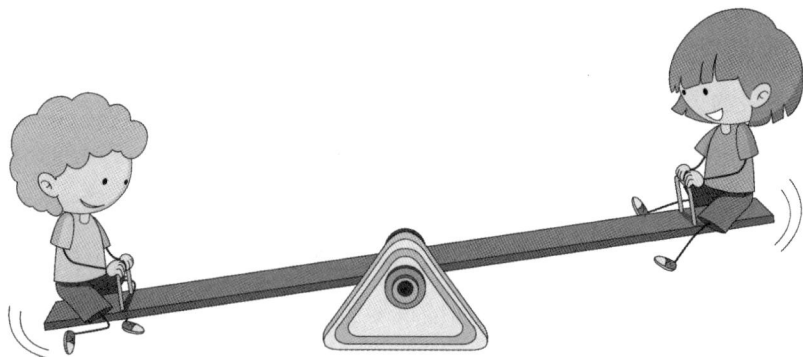

　　我们应该追求更客观、更理性、更合理、更恰当的认知活动。所谓的合理与恰当，是指与具体的情境和环境相适应或相符合，至少是基本相适应和相符合。对于人、事、物，无论是好的还是不好的，有利的还是不利的，我们的思维和行为都应该符合一定的情理，并保持适当的平衡。不理性、不合理、不适当的行为，如违法犯罪、对他人或自己造成危害、引发他人极度不满的行为，都是不可取的。此外，即使是程度较轻的对他人的不良态度和行为，若经常发生并积累到一定程度，也有可能引发他人的不满或对他人造成实质性的伤害。父母对孩子也同样适用。如果父母的行为让孩子感到不适，并且这种情况经常发生，积累到一定程度，就可能对孩子造成不良的影响。

　　不同性格的人，他们的情感结构各异，这导致他们对人、事、物产生不同的心理和认知活动，并表现出各具特色的行为模式。这种情感结构进一步塑造了他们的思维方式和行为能力。简而言之，一个人的情绪和感情决定了他们如何理解世界，如何作出反应。通常，那些具有良好情绪的人往往性格更为平和和积极。拥有健康的情感结构可以使我们对人、事、物产生更为积极、合理的心理感受、心理活动或心理状态，从而增强我们的智力和能力，优化我们的认知和行为。当某种情绪深深植根于我们的潜意识中，成为我们无意识的一部分时，它就在无形中塑造着我们的思维、行为、性格、智力和能力，进而决定了个人的命运。

第二节　情绪的来源及性质

　　我们的情绪源于我们的感觉、感受和需要。这些感觉、感受和需要可能来自对自然环境、人际关系及自我行为的种种体验。这些体验可能产生积极的或消极的情绪，包括能言表的和难以言表的情绪，以及复杂的情绪、强烈的或微弱的情绪。在这些情绪的来源中，对我们影响最为深远的可能是对父母行为的感觉和感受，这些感觉和感受形成了我们最早的、最深刻的情绪体验。

父母在孩子成长过程中的作用无可替代，他们不仅满足孩子的生存需求，还满足孩子的精神需求。因此，孩子对父母的感觉和感受是自然而然地产生的。相较之下，孩子对于外界或与自己无关的人的感觉和感受可能不会那么关注或在意。

孩子对父母的言行会产生相应的情绪，这种情绪可能强烈或微弱，可能多或少。当父母的言行不断重复并频繁出现时，这些情绪也会在孩子身上不断强化。长此以往，这会固化孩子的情绪结构。父母合理的、恰当的言行，有助于孩子形成健康的情绪结构；而父母不合理的、不恰当的言行，则可能导致孩子形成不良的情绪结构。此外，如果孩子在家庭中形成了某些被过度强化的情绪，当他们在外部环境中遇到与自己的观点、情感和需要不一致的事物或环境时，就可能会感到难以接受，难以灵活应对。在这种情况下，孩子可能会出现心理问题，甚至精神问题。

我们身上形成的情绪结构成了我们性格的组成部分，并且这种情绪结构进一步影响我们对人、事、物和环境的感觉与感受。由于每个人的情绪结构不同，人们的情绪也会有所不同，这导致每个人对世界的感知和体验存在差异。因此，我们看到的世界是独特的，是受到我们情绪结构的影响的。

同时，我们的需要是引发情绪的重要因素。这些需要，无论是物质的还是精神的，都能产生各种各样的情绪。这些情绪既有积极的，又有消极的。当我们的需要得到满足时，我们可能会感到高兴或其他积极的情绪；而当我们的需要得不到满足或受到对自己不利的事物的影响时，我们可能会感到不愉快或其他消极的情绪。

由于我们的需要和个性特点各不相同，对于同样的人、事、物，我们可能会产生不同的情绪反应，这些情绪可能是积极的，也可能是消极的；可能是强烈的，也可能是微弱的。例如，有些人可能更注重精神层面的需求，而对物质需求不那么热衷；有些人则可能更看重物质享受，而对精神需求不那么在意。此外，每个人对于形象、面子、尊严、地位等的重视程度也不同，有些人可能更加豁达，而有些人则可能更加斤斤计较；有些人可能胆大果断，而有些人则可能优柔寡断。这些不同的需求和特点，使我们在面对相同的情况和事物时，会产生不同的情绪反应。

对于孩子来说，他们的需求和情绪很大程度上受到父母的影响。父母的言行举止、教育方式等都会对孩子的情绪产生深远的影响。同时，我们的情绪也受到自己的行为、经验和认知的影响。有时候，我们的某些感觉、感受和需求可能并不明显，但它们确实存在，并对我们产生潜在的影响。

因此，了解和管理自己的情绪，对于个人的成长和发展至关重要。我们需要学会识别自己的情绪，理解它们的来源和影响，并学会通过积极的方式来调整和管理它们。只有这样，我们才能更好地应对生活中的各种挑战，实现个人的成长和进步。

第三节 不良情绪结构对孩子智力和能力的影响

当人们长期处于压力、压抑、焦虑、紧张、不安、不满、浮躁、烦躁、急躁、愤怒、恐惧、缺乏自信等不良情绪中时，他们的智力和能力往往不能得到良好的发挥和发展。这种情况下，人的身体和大脑会形成与不良情绪相关的情绪体验和记忆。这会进一步导致大脑和身体系统出现问题，并形成不良的情绪结构。

当个体处于这种不良的情绪结构中时，他们在做事情时更容易产生强烈的不良情绪，从而对其智力因素和大脑思维活动产生负面影响。严重的不良情绪结构会对人的智力因素和大脑思维活动产生严重的阻碍作用。简而言之，要让孩子拥有良好的智力，关键在于帮助他们建立健康的情绪结构。一个较少产生负面情绪的孩子，其智力发展通常会更加顺利。

孩子在成长过程中受到父母过多的干预、约束和限制，以及经常受到父母的批评、训斥、指责、埋怨、嘲讽、恐吓、辱骂等，这些都会直接给孩子带来负面情绪，并阻碍他们形成对事物的正面情感。随着时间的推移，这些负面情绪可能会成为孩子的固定化和常态化情绪，进而形成情绪结构，严重制约孩子的心理、认知、行为和智力发展。此外，孩子在小时候遭遇的突然而强烈的刺激、打击或不合理的对待等也可能形成深刻的记忆，成为情绪结构的一部分，对他们产生长远的不良影响，甚至需要一生来治愈。因此，家庭环境对孩子情绪结构的形成具有至关重要的影响。而这种情绪结构一旦形成，无论是孩子自身，还是外部环境，都很难使其发生彻底的改变。

形成不良情绪结构的孩子往往难以良好地适应和接受新事物，缺乏包容心，这将导致他们的心理状态和认知能力受到限制。他们对人、事、物表现出高度敏感性，容易感到不快乐、不舒服，并容易受到外界刺激。这些不良情绪会在孩子的行为中显现出来，并直接影响他们的学习，以及与环境的和谐相处。他们可能会产生烦躁、浮躁、畏难、畏惧、厌烦、排斥和对立等不良情绪，这些情绪会反过来控制和制约他们，导致他们失去良好的身体和心理状态。在这种状态下，他们的智力和能力难以得到充分发挥，影响学习效果。相反，具有良好情绪结构的孩子通常会展现出更为积极和健康的心理状态，

他们能够更好地应对挑战，展现出更高的智力和能力。他们更容易适应环境，以及与人和谐相处，从而在学习中取得更好的成绩。

适应能力是指个体能够接纳一些人、事、物，而不是对其产生强烈的厌烦、反感或不适感。同时，适应能力也体现在面对任务或处理人际关系时，能够感觉相对顺利，从而减少矛盾的产生。灵活性则体现在个体如何根据自己的利益去处理问题或执行任务，这并不意味着必须改变自己的核心需求和特点。变化性是指个体能够根据环境的变化相对容易地调整自己的行为和特点，以更好地适应环境，并与人、事、物保持一致。

由于不良情绪结构，一些孩子在某些情境下容易与某些因素发生冲突，导致产生较大的不良情绪和压力，进而可能引发抑郁情绪，甚至发展为抑郁症。严重的抑郁情绪或抑郁症往往是由内部不良情绪与外部不利因素引发的。抑郁症会严重影响个体的环境适应能力，对他们的生活质量产生严重的负面影响，甚至威胁生命。

因此，父母应当认识到并积极帮助那些已经出现心理和行为问题的孩子消除不良情绪，培养他们的积极情绪，以恢复他们的身心健康。同时，父母也应该注重培养孩子的良好智力和能力，为他们的全面发展提供有力的支持。

第四节　不良情绪结构对孩子心理的影响

如果孩子经常产生并积累过多的不良情绪，就会形成不良情绪结构。这种不良情绪结构会对孩子的心理、智力、能力及身体健康产生负面影响。不良情绪结构会通过外部环境中的某些因素得以表现，进而引发一系列心理和行为问题，如厌学、抑郁症、人际关系障碍、严重网瘾及频繁打架等。实际上，人的心理和精神问题都与情绪问题紧密相关。

任何强烈的、持续的情绪，无论是积极的还是消极的，都可能对个体的心理和行为，甚至精神状态造成影响。对于孩子来说，情况亦是如此。因此，及时识别并妥善处理孩子的情绪问题，对于维护他们的身心健康至关重要。

如果孩子经常感受到严重的焦虑、紧张、压力、压抑、急躁、浮躁、烦躁、畏难、排斥、对立等不良情绪，那么这些情绪在学习和日常活动中很容易显露出来，从而对他们产生显著的负面影响。这种负面情绪可能导致孩子对学习产生强烈的厌烦和排斥心理。此外，如果孩子过于以自我为中心，在面对老师和同学时，就可能会表现出过度的不满和敌意，这很容易引发人际关系上的问题。同样，如果孩子长期感到压抑或压力过大，他们就可能会倾向于沉迷网络游戏，试图在游戏中寻找情绪的释放和成功的满足感。而一旦回到现实，他们可能会感到更加空虚，这进一步加剧了他们对网络游戏的依赖。如果孩子心中充满了排斥和攻击的情绪，当他们遇到不喜欢的人时，这种情绪就很容易转化为排斥和攻击性的行为，甚至可能导致暴力倾向和打架行为。因此，家长和

老师需要密切关注孩子的情绪状态，及时为他们提供支持和帮助，以避免这些情绪问题进一步恶化。

心理问题会导致人在工作、生活、学习中失去高水平的行为能力。当孩子身上积累过多或过于强烈的不良情绪时，他们在面对某些情境时更容易出现心理、认知问题。这些情绪问题会对孩子的生活、学习产生显著的负面影响。孩子偶尔产生不良情绪是不可避免的，但关键在于如何有效地释放或消除这些情绪，避免长期积压。孩子的身心需要得到合理的、积极的放松和调节。实际上，无论是成人还是孩子，他们的心理和精神问题往往都与情绪问题紧密相关。任何一种情绪，无论是积极的还是消极的，只要其强度足够大、持续时间足够长，都可能对个体的心理、行为，甚至精神状态产生不良影响。因此，我们应该及时关注和处理他们的情绪问题，以确保他们的身心健康。

第五节 不良情绪结构是能够改变的

孩子身上一旦形成固定或顽固的不良情绪，仅凭他们自己往往难以克服或消除。要解开孩子情绪问题的症结，我们还需要从父母入手。只有父母真正改变自己的行为特点，调整对待孩子的言行方式，才能逐渐消除孩子身上固化的不良情绪。在这一改变过程中，其他人的帮助虽然重要，但是父母的影响力是不可替代的。因此，父母在帮助孩子解决情绪问题时扮演着至关重要的角色。

孩子身上的不良情绪结构是可以通过父母的努力得以改变的，甚至在很大程度上实现转变。而孩子的年龄越小，这种改变的可能性就越大。在父母因素和健康家庭环境的共同作用下，孩子会逐渐培养出良好情绪，从而消除不良情绪。当父母因素和家庭环境发生改变时，孩子自然而然地也会随之改变。值得注意的是，有时孩子与父母之间的对抗，包括肢体对抗，虽然表面上看起来是不良行为，但是实际上可能对孩子的成长有益，因为这可能表明孩子没有积压过多的不良情绪。相比之下，父母如果对孩子的行为反应过于激烈或极端，那么反而可能促使孩子表现出更极端或更糟糕的行为。此外，父母自身的一些行为特点，包括一些嗜好，有时可能连自己都无法完全察觉或意识到。这些行为特点已经成为他们日常生活中不可或缺的一部分，并在家中不断重复。这些行为特点会直接影响孩子，从而塑造他们的情绪结构。因此，要改变孩子，父母需要认识到自己的一些行为特点，并愿意进行改变。有时，这一过程可能需要借助专业人士，如心理咨询师或家庭教育专家，帮助父母更全面地认识自己。

孩子与父母之间最不良的一种对抗情况是，孩子从小在父母的溺

爱中长大，当他们长大成人后，一旦父母无法满足他们的某些需求，孩子可能会对父母采取暴力行为，如攻击或殴打。这是孩子主动对父母采取的极端行为。面对这种情况，父母往往感到无能为力。这时，通常需要通过强有力的外部力量和舆论来制约孩子的行为。只要这些外部力量和舆论得当，大多数情况下，孩子就能够改变自己的行为。娇生惯养的孩子在家庭中往往表现出过度的自我性行为。然而，当他们置身于外部环境时，由于存在制约因素，这类孩子通常具备一定的环境适应能力。这是因为他们在家庭中的精神世界往往是自由的，并没有受到严重的束缚或控制，因此他们身上并没有形成其他较为严重的不良情绪。当他们在外面出现问题时，往往是由于缺乏有效制约或加入不良团伙造成的。这可能导致他们不能很好地处理事情。对于未成年孩子出现的这种娇生惯养并攻击父母的现象，父母需要改变自己的对待孩子的行为方式。父母的行为应该合理且恰当，同时保持态度的坚定与温柔。通过这样的方式，父母可以逐渐改变孩子的不良行为。

对于大多数因不良情绪结构导致行为问题或存在其他问题的孩子，即使父母已经转变了自己的行为和态度，包括给予孩子合理的宽松空间，孩子也不可能立刻消除身上的不良情绪并立即改变自己。在这种情况下，孩子的问题行为可能会因为惯性而持续存在。此时，父母应该做的是，在孩子没有危险或进行其他严重行为的前提下，允许孩子的不良行为继续存在着。而对于表现出危险性行为的孩子，父母应该通过温柔且和缓的行为来管束孩子，例如紧紧抱住孩子，同时用温柔的语言进行劝阻。虽然家庭环境已经改变，但是孩子的身心仍需要一个适应和变化的过程，然后才能逐渐消除行为问题。在此过程中，父母需要用持续不断的努力来逐渐消除孩子身上的不良情绪，并培养孩子的良好情绪。这要求父母克服过分的担心和担忧，以及过高的期望。同时，父母需要放下自己的面子，接纳孩子，并避免情绪化。在制止孩子时，父母应该采用和缓、柔和的口气或商量的方式，而不是强势或强硬的态度。通过父母持续的恰当行为和良好态度，孩子在半年左右或更长时间内才有可能发生改变。父母的爱和温柔的行为，以及和缓和宽容的态度，是培养孩子良好情绪的关键方法，也是改变和治愈孩子的最佳途径。

当某种或某些情绪成为孩子固定且常态化的无意识行为时，这些情绪往往会决定孩子的命运。一旦这些情绪在孩子心中根深蒂固，它们将深刻地影响孩子的身体和大脑功能，从而使得改变这些情绪状态变得更加困难。然而，对于成年人来说，只要他们善于察觉自己的不良情绪，并能够有效控制这些情绪和行为，将其形成习惯，他们就有可能在一定程度上改变自己的不良情绪结构。

拥有不良情绪结构的人，在面对事情时，情绪往往会过于高涨或过于低落，容易陷入两极化的状态。而具备良好情绪结构的人，在面对事情时，通常展现出灵活性和变化性，并拥有出色的适应能力，不容易受到不良因素的影响和制约。因此，父母在孩子的成长过程中，应该始终为他们提供积极的影响和教育，培养孩子良好的情绪结构。

第四章

良好情绪与不良情绪

第一节　良好情绪的来源及作用

孩子的良好情绪结构是由外部因素和内部因素共同塑造的。其中，外部因素中最为关键且对孩子情绪发展起着决定性作用的是父母的行为。例如，父母对孩子展现出合理且恰当的亲情行为、爱与温柔的行为、包容与理解的行为等，都能对孩子的情绪产生积极影响。此外，父母的鼓励、支持和适度的表扬行为，为孩子提供的自由、独立和宽松的成长空间，以及与孩子之间良好的沟通行为，都是培养孩子良好情绪结构的重要因素。同时，父母在特定情境中对孩子的尊重行为，以及他们所持有的合理、恰当的价值观，都能在一定程度上塑造孩子的情绪结构。父母的自律行为同样对培养孩子的良好情绪起着关键作用。

父母恰当、合理和积极的价值观与自律行为会在孩子身上激发出相应的良好情绪，并逐渐内化为孩子的情绪结构，从而直接影响孩子对待人、事、物的心理和行为。父母的这些行为使孩子感受到自由、放松和快乐，并对他们的良好情绪和心理发展产生深刻且长远的影响。这些行为是培养孩子良好情绪结构的关键因素，也是孩子形成积极情绪结构的重要原因之一。这种影响在家庭教育的外部因素中很难被其他因素所替代。

从内因分析，孩子产生的良好情绪主要源于3个方面。

一、孩子的合理需求得到满足

这包括物质需求和精神需求。当孩子的这些需求得到合理的满足时，他们会体验到快乐的情绪。而要满足孩子的合理需求，关键在于父母所提供的物质和精神支持。

二、孩子自身的良好行为和情感

这包括他们行为的合理性和一致性，避免随意、过分的行为。他们不会因为外界的不良或不恰当因素而改变自己的行为准则。此外，孩子还需要具备容人、容事的素质，对事物持有积极的情感，并懂得自律和遵守规则。这些素质和行为都有助于孩子形成良好的情绪结构。

自律表现为一种态度，即在一定程度上宽以待人、严以律己。规则是指导行为的准则，它合乎情理，遵循行为规律，通常是约定俗成的。孩子不会因为某个规则与自己的需求相冲突就排斥或不遵守它。这些良好的行为习惯能够为孩子带来稳定的情绪状态，使他们具备有效处理问题的能力。此外，孩子合理且恰当的行为也是其能力发展的重要体现和关键因素。

三、孩子的自主行为和创造性活动

这包括参与有兴趣的活动，能够顺利或成功地完成一些任务，以及参与一些创造性的活动。父母的支持对于孩子养成良好和合理的行为至关重要。父母不仅要满足孩子的合理需求，还应鼓励他们作出合理的行为，因为这是培养孩子良好情绪和提升他们能力的重要方面。

孩子的良好情绪能够促使他们体验到自由与放松的心理状态。在这种状态下，孩子在处理事务时能够发挥出最佳的智力和能力。孩子的自由与放松状态是他们的智力和能力达到顶峰的必要条件，也是他们发挥出最佳智力和能力的重要原因。因此，当孩子处于这种状态时，他们在学习中更容易展现出接受一切、把握一切的良好心态。

孩子只有具备良好的情绪结构，才可能维持一种稳定且放松的身心状态。这种良好的状态在孩子的学习过程中尤其重要，它有助于产生质的变化，激发灵感和能力。相反，如果孩子在处理事情时长期处于不良的情绪状态，就可能产生极为不利的影响。

第二节　不良情绪的来源及作用

孩子在成长过程中产生的不良情绪主要来自两个方面。

一、外部的不良影响

父母的态度和言行会对孩子产生重要的影响。父母对孩子的不良态度、不当言行，如批评、指责、打击、贬低等，都可能对孩子的情绪和心理产生不良影响，有时甚至是严重的不良影响。此外，父母对孩子不合理的约束、干预和教育行为，同样会对孩子的情绪和心理造成负面影响。父母自身不合理、不恰当的价值观也可能导致孩子形成不良情绪。

综上所述，父母对孩子的情绪有着深远的影响，并且在塑造孩子的情绪结构中起着决定性的作用。

二、不良的或不合理的需要、欲望和行为

从某种程度上来说，如果我们的需求和欲望过多，或者过于强烈，就容易引发各种不良情绪，导致我们的情绪波动大，甚至走向极端。一旦需求得到满足，我们可能会过度兴奋，甚至产生膨胀感；而若需求得不到满足，我们可能陷入过度低落、不满、纠结或愤怒等情绪中。这种状态很容易使我们无法保持平静和安宁的心理。从行为层面分析，不良或不合理的需求和欲望可能会引导我们采取过度的投机取巧行为，甚至可能违反规则和道德。

相反，我们的许多不良情绪可能会增强我们的需求和欲望。所谓需求的"细微化"，是指我们可能对一些小事、微不足道的事情产生过度的需求。不良情绪，如压力、压抑、紧张、不安、不满、排斥、对立、烦躁、浮躁及情绪过分高涨等，都可能促使我们的需求和欲望变得更加强烈。

拥有不良情绪的人往往容易将好事和坏事都推向极端。他们在思

考好事时可能过于乐观，脱离实际，情绪容易过度高涨；而在考虑坏事时，他们又可能过于悲观和消极，导致情绪低落，这种倾向会加剧不良情绪的形成或恶化。

对于孩子来说，他们的需求和欲望是否合理且恰当，很大程度上取决于父母如何影响和引导。良好的情绪可以帮助孩子保持需求的平稳和欲望的适度，从而增强他们的自我控制能力和适应能力。因此，父母在塑造孩子的情绪结构方面起着重要的作用。

美国心理学家曾进行了一项著名的棉花糖实验。他们对几组四五岁的孩子进行了测试，给每个孩子一块棉花糖，并告知他们：如果能在十五分钟内忍住不吃，那么将会得到另一块棉花糖作为奖励；而如果在十五分钟内吃掉，那么不会再有额外的棉花糖。实验结果显示，有的孩子能够成功控制自己，没有吃掉棉花糖。而有的孩子没能忍住，吃掉了棉花糖。那些成功控制自己欲望的孩子，后来又得到了一块棉花糖作为奖励。

通过对参与实验的孩子进行长期的追踪观察，研究者发现，那些能够忍住不吃棉花糖的孩子在人生中普遍取得了更大的成功和更高的成就。这个实验实际上是在测试孩子的需要、欲望和情绪的强烈程度，以

及他们的自我控制能力。那些具有良好情绪控制能力的孩子，往往能够展现出更强的自我控制力。相反，那些情绪不稳定、需求和欲望较为强烈的孩子，往往难以维持良好的自我控制力。这两种类型的孩子在未来的生活和工作中，会展现出不同的智力和能力水平，从而对他们的人生轨迹产生深远的影响。因此，这个实验强调了情绪控制和自我管理能力在孩子成长过程中的重要性。

不良情绪对我们每个人都容易产生四种不良的影响结果。

（1）对身体产生不利影响，容易引发身体的不适，甚至症状；

（2）使我们对人、事、物和环境的感受变得更为敏感和强烈，容易导致情绪和思维的极端化，以及欲望和需要的过度强烈化；

（3）影响我们智力和能力的发挥与发展；

（4）形成固化的不良情绪，进而引发心理、认知和行为问题，甚至可能导致精神问题。

当我们从学校走入社会，随着环境的变迁和年龄的增长，我们不仅会提升一些相应技能，还会增长许多需要和欲望。这些增长的需要和欲望可以让我们的情绪变得更为复杂。

第三节　情绪与感情

良好的情绪和感情赋予我们稳定的积极情绪和对事物的美好感受，而这些情绪和感情之间能够相互影响并相互转化。当我们对人、事、物持有积极的态度时，我们会表现出更好的包容性和接受性，这有助于维持稳定、良好的情绪，让我们处于放松和积极的心理状态，从而使我们的内心保持平静。相反，不良的感情，如不满、不认同、憎恨、厌恶等，会导致我们产生不良情绪，降低我们的包容性和接受性，进而影响我们的心态和行为，使我们的内心无法保持平和与积极。

对事物的美好感情是指我们能够感受到人、事、物所传递的积极信息或优秀方面。在欣赏美好事物时，我们往往能够包容其不足之处。例如，当我们欣赏花的美丽时，虽然土壤可能并不美观，但是我们不会因此影响对花的喜爱。同样，虽然美丽的鸟儿排出的粪便可能令人不悦，但是这并不会减少我们对美丽羽毛的欣赏。同样，当我们感受到大海的壮丽时，虽然它可能隐藏着危险，但是这并不会影响我们对其美的感受。人也是如此，当看到他人的优点时，我们同样也能够包容他们的缺点。当我们能够专注于感受人、事、物的积极面时，我们更容易培养出平和而美好的感情，甚至在某些情况下，这种感情可能会变得更加深厚。

孩子对生活中的人、事、物的感受往往受到父母的影响和引导。例如，当父母强调并展现某个人或事物的积极品质时，孩子也会相应地感受到其美好之处。如果父母经常称赞某个叔叔或阿姨乐于助人，并在适当的时候让孩子体验到他们的帮助，孩子就很可能会对这个叔叔或阿姨产生积极的感情。孩子从小就对有血缘关系的亲属产生深厚的感情，这在很大程度上是由家庭环境和父母的行为塑造的。相反，如果父母表达对人、事、物的消极评价或不满，那么孩子可能会感受到不美好，甚至产生厌恶、憎恨或敌意。因此，父母在塑造孩子的人际关系观和世界观方面扮演着至关重要的角色。

我们每个人的情绪状态，特别是情绪结构，都是独特的，这导致我们对世界上一切事物的感知和感受都有所不同。这种感知和感受在很大程度上决定了我们对人、事、物的态度，进而塑造我们的心理状态和认知活动。当拥有良好的情绪结构时，我们更容易以积极和包容的态度去感受人、事、物中的美好和积极面。相反，不良的情绪可能使我们对人、事、物的感受变得消极、被动、排斥、对立，我们可能会更容易感受到压抑、灰暗、不安全、紧张，甚至惶恐，或者容易陷入忧伤、惆怅的情绪中，养成多愁善感的性格特点。此外，不良情绪也可能使我们对某些事物产生不良感情。情绪和感情之间能够相互影响和转化。

积极情绪是一种主动性的良好情绪，它展现了我们积极的心理状态和态度。积极情绪使我们更具接纳性和包容性，能够帮助我们更好地摆脱不良的感受、事情和事物。相反，不良情绪会使我们对不美好的或不利于自己的人、事、物变得敏感和强烈，容易陷入不良感受中，这会对我们的心理和行为产生较为严重的影响。

我们因不合理的、过度的自私和自我需求满足而产生的高兴、快乐情绪，并不能被视为真正的良好情绪。这种情绪往往是不稳定的，甚至可能大起大落。唯有建立在合理需求和良好行为之上的情绪，才能被称为健康且稳定的情绪。由于每个人的情感结构不同，我们对世界的感受也各不相同，这种感受进而影响着我们的心理、认知和行为，甚至对我们的智力和能力产生深远的影响。

当然，有一定适应环境能力的孩子不一定都具备学习的天赋。然而，学习好的孩子通常具有较强的适应环境的能力。学习是一项复杂且繁重的任务，需要良好的智力和能力。人们的接受性通常体现在对喜欢和感兴趣的事物和环境的接纳上。一旦孩子在学习中由于各种不良情绪而对学习产生厌烦和排斥，这将直接影响他们对学习的接受性，进而对他们的智力和能力产生影响。相反，具有良好情绪结构的孩子，以及那些对学习感到愉快和有兴趣的孩子，他们的智力发展通常会受到积极的影响。

第五章

智力与其他特长

第一节 不同领域中的智力因素

人的智力是一种重要能力，其发挥需要良好的情绪状态作为支撑。我们要想在某一特定领域取得专业成就，除了需要稳定的良好情绪因素和优秀的智力因素外，有时还需要特定的技能、专长或天赋。例如，在数学、音乐、绘画等领域中的高水平表现，除了需要良好的智力，还需要特定的专长和天赋，如易于获得灵感、掌握技巧等。在体育领域，无论是足球、篮球、乒乓球，还是长跑等项目，要想达到高水平，不仅需要稳定的情绪和心理状态，还需要特定的技能或天赋，如出色的耐力、爆发力及高超的技巧等。此外，情绪和心理不稳定、注意力不集中、反应不灵敏、思维不清晰都会严重影响体育比赛中的表现，即使有天赋也难以充分发挥。同时，这些高水平表现也需要相应的智力支持。在知识密集型行业，如电器维修、精密机械维修等，要达到高水平，除了需要良好的智力，还需要深入研究并理解特定领域中的专长。对于技术要求较高的职业，如车床工、电焊工、钳工等，除了操作熟练外，还需要稳定的心理、优秀的专注力和反应力，以及特定的技能或天赋。因此，研究并认识不同领域中的专长或天赋因素，对于提升个人能力和专业水平具有深远的意义。

在日常生活中，我们所需的能力主要体现在对事物和环境的接受与适应能力上，以及为满足生活中的实际需求而寻找解决方案的能力上。无论是解决实际问题，还是顺利或成功地完成任务，都需要我们保持良好的情绪状态，而这也会进一步凸显我们的智力。

第二节　兴趣对智力的作用

　　有的人在学习上的智力表现并不突出，但在某些特定领域和事务上却展现出浓厚的兴趣和卓越的能力，这往往与其成长环境密切相关。环境为他们提供了自由的学习空间，塑造了他们在这些方面的积极情绪和深厚情感，我们称之为"良好情结"。这种情结是我们对某类事物形成的特定情绪或感情结构，它促使我们形成对这些事物的特别兴趣。这种兴趣源于潜意识中根深蒂固的良好情结，它让我们的思维和行为变得自由、放松。当我们面对这类事物时，我们的思维能够轻松地进入良好的状态，考虑问题时更加全面，也能自然而然地将其他智力因素投入所做的事情中。我们对这类事物充满兴趣，不会感到厌烦或排斥，反而会以积极、放松的态度去面对。这样的状态也有助于我们在这些领域中培养和发展特长。

　　有些孩子在学习时喜欢听音乐，这其实是他们试图通过音乐来消除或减轻对学习的负面情绪，让大脑保持放松状态，从而有助于智力因素的发挥。然而，这种外部因素往往难以起到实质性的作用。有些孩子会因为喜欢某个老师而学得好，从而取得好成绩，反之则学得不好，导致成绩不佳。这些现象很大程度上是由孩子对某位老师的喜好与否引起的，即所谓的"爱屋及乌"或"恨屋及乌"心理。这些情绪状态直接影响了孩子对学习的态度。

　　父母在某方面具备的特点和特长，往往会对孩子产生显著的影响。这种影响使得孩子容易形成对某方面的积极情绪，甚至深厚感情，进而培养出良好的情结和特别的兴趣。然而，虽然父母在专业领域中展现出优秀的素质和能力，但是由于性格等，他们在家中未能表现出对学习或工作的兴趣，并且缺乏与孩子在这些方面的交流。因此，孩子无法感受到父母在这些方面的良好言行，也不会受到潜移默化的影响，也难以形成相关的情结和兴趣。如果孩子对学习缺乏兴趣，而他们的兴趣又得不到父母的鼓励和支持，甚至遭到打击，那么这些兴趣便可能逐渐消失。

良好的情结、特别的兴趣和天赋是形成特长的重要因素。我们的大脑在积极、稳定的情绪状态下能够更好地发挥出潜能。当孩子面临竞争时，情绪和心理状态的稳定性成为关键因素，谁能在这些方面做得更好，谁就更可能脱颖而出。学习和其他活动亦是如此。父母应作出努力和付出，尤其是在孩子年幼的时候，以便孩子在学习或做其他事情时能够养成良好的情结和兴趣。

当然，当有些孩子拥有出色的智力因素，并且学习成绩优秀时，他们的父母往往会全力以赴地支持他们学习。这种支持进一步激发了孩子对学习的浓厚兴趣，使他们取得良好的学习成绩，并因此获得强烈的成就感。然而，在这种情况下，父母可能会过度限制孩子的其他活动和自由空间，导致孩子在其他许多事情上缺乏体验、经验和能力，包括生活自理能力、人际关系能力等。父母可能过度包办孩子的生活琐事，使孩子除了学习外，很少有机会独立做事。这种做法可能会给孩子带来不良影响，甚至带来较大的麻烦。

因此，培养孩子全面发展、具备多种能力的重要性不容忽视，特别是良好情绪结构对孩子的成长至关重要。例如，一些学习出色的孩子可能会由于缺乏生活自理能力、独立能力或良好的人际关系能力而遇到问题。这强调了培养孩子全面发展、具备多种能力的重要性。

第三节　情绪结构对智力的作用

对于我们每个人来说，无论是学习还是做事，良好的情绪结构都是至关重要的。对于孩子的学习而言，这一点尤为重要，尤其是在他们刚开始上学的时候。拥有良好的情绪结构会让孩子乐于学习，有动力去学习，并且更容易调动各种智力因素，从而取得更好的学习效果。这种良性循环会让孩子体验到学习的快乐和成就感，从而形成良好的体验和经验，并持续强化这种体验和经验，使学习状态得以保持。

对于文化水平较高的父母，他们往往能够在潜意识中影响孩子的学习，让他们形成良好的情绪结构，进而激发他们对学习的兴趣。这有助于孩子在学习上形成特长，甚至天赋。

一般情况下，智力好、学习好的孩子身上都具备较好的情绪结构。然而，有些孩子原本学习表现良好，但随着环境的变化，如竞争压力增大，他们的学习成绩可能会下降或变得不稳定。这往往是由他们的情绪结构不够完善和稳定造成的。当环境再次发生变化，如压力减轻，他们的学习成绩可能会提高，这是因为他们的情绪结构得到了恢复。因此，仅仅为了让孩子取得更好的成绩而让他们上更好的学校，这并不一定是最好的选择。这可能会给孩子带来巨大的压力，导致他们产生不良情绪结构，从而影响智力的正常发挥。因此，我们需要综合考虑孩子的情绪、兴趣和能力等多方面因素，为他们创造一个既有利于学习，又能够保持身心健康的成长环境。

在家庭中，如果孩子经常受到父母较严重的不良行为的影响，那么他们可能会产生较多、较严重的不良情绪。这会对孩子的智力和能力造成较大的不良影响。然而，即便是父母一些看似较轻的不良行为，若持续影响孩子，也会导致他们经常产生不良情绪。如果这些不良情绪长时间积累，就可能会逐渐转变为潜意识中的反应，从而形成不良情绪结构。这种不良情绪结构同样会对孩子的智力和能力产生不良影响。父母需要意识到，对孩子造成不良影响的不一定都是明显、显著的行为。有时，一些看似微不足道的行为，若持续存在，也可能对孩子的情绪、智力和能力产生深远的影响。因此，父母需要仔细审视自己的行为，并努力为孩子创造一个积极、健康的成长环境。

对于年龄较大的孩子，如果学习表现不佳，并且智力已经相对稳定，那么父母施加的压力通常不会产生显著效果。除非孩子具备优秀的智力但注意力并未集中在学习上，否则单纯的施加压力很难改变现状。在这种情况下，改变孩子学习状况的关键在于父母先调整对待孩子的态度和行为方式。为了培养孩子的良好情绪结构和对学习的积极兴趣，父母需要用平常心去对待孩子，接纳并理解他们的情感和需求。在期望孩子有所成就的同时，父母也要保持对他们的爱与支持。

在孩子刚开始学习时，父母应强调努力和付出的价值，而非过分关注成绩。只要孩子尽力了，父母就应当给予肯定和鼓励。当孩子在学习上展现出好的表现或取得一定进步时，父母应给予合理、恰当的表扬，如"不错""挺好""经过努力，你进步了"，同时表达出内心的喜悦，并鼓励孩子继续努力。

需要注意的是，父母应避免使用"你真聪明""真好""真厉害""真棒"等过于强调孩子自我性的言辞，因为这样的表扬可能会强化孩子以自我为中心的情绪和认知。特别是在与其他孩子进行直接比较的场合中，父母不应过度表扬或夸奖孩子，以免孩子形成虚荣、肤浅、爱面子的特点。这种情绪结构是脆弱的，难以有效地应对挫折，也不利于培养孩子对学习的兴趣。

父母要让孩子明白，学习好或取得好成绩是应该的，这并不是什么特别值得骄傲和夸耀的事情。在这种良好情绪结构状态下，孩子能够持续发挥他们的智力和能力，进而在学习上形成特长和天赋。

然而，有些父母对孩子的学习要求过高，无论孩子取得多好的成绩或表现得如何优秀，他们都不满意，总是能找到孩子的不足之处，并对孩子提出更高的要求。这种模式并不恰当，它可能导致孩子产生不良情绪结构，甚至让他们觉得学习是为了满足父母的期望，而不是为了自己的成长和发展。

只要父母能够彻底改变自己对孩子的不良言行，采用合理、恰当的方式来与孩子沟通，并持续努力，孩子就会逐渐形成对学习的良好的情绪结构和兴趣。良好的情绪结构和兴趣会成为孩子在学习上取得成就的重要因素。即使由于各种因素，孩子的学习成绩永远无法达到理想的水平，但只要他们努力了，父母就应该接受并认可他们。此外，父母可以发掘和培养孩子在其他方面的特长，帮助他们找到适合自己的发展道路。这样的支持和理解将对孩子的成长产生深远的影响。

第四节　情商与智商的特点及作用

人的性格包含优点和缺点，这些特点会在不同程度上影响个体的行为和命运。当个体的性格特质与所处环境相契合时，他们更可能表现出积极、快乐的情绪，发挥出更好的能力，并与他人建立和谐的相处关系。这种契合度会对个人的职业发展、人际关系等方面产生积极的影响。

例如，当一个人遇到自己喜欢或适合的工作，以及与自己性格相投的领导或同事时，就更可能感到满足和成功。因此，父母在培养孩子的过程中，注重塑造孩子具有更多积极、健康的性格因素显得尤为重要。这不仅有助于孩子在未来社会中更好地适应社会，还能为他们的人生道路铺设更坚实的基础。

现实中，大多数人的性格并不是非黑即白的，而是混合式的，并受到父母多种特点和行为因素的影响。有些人可能同时展现出激烈与平和、谨慎与冒进、柔和与刚硬、外向与内向等多重性格特征。在过去物质条件相对匮乏的年代，人们可能更容易形成鲜明的性格特点。然而，随着社会的发展和家庭生活的富裕，人们的性格特征变得不那么分明和凸显。当人们的物质和精神需求得到较好满足时，他们的情绪和行为往往变得更为和缓，不易出现过于激烈的变化。

人的性格确实与遗传有一定关联，但后天的成长环境同样起着至关重要的作用。父母在培养孩子的过程中，应当努力塑造孩子具有更好的情绪结构，这有助于孩子形成更为积极和健康的性格。父母的言行举止，无论是否直接针对孩子，都会对孩子的情绪和感情、思维和行为模式产生深远的影响，从而塑造孩子的性格。因此，父母应当慎重对待自己的言行，为孩子创造一个良好的成长环境，帮助他们形成积极和健康的性格特质。

情商是指人在社会交往中，与人相处和交往的能力，它是健全人格的基本表现，也是人与人之间正常交流和相处的基础。大多数人都具备一定的情商，但情商水平有高有低。高情商的人能够很好地控制自己的情绪和行为，善于考虑他人的情绪和需要，可以达成更大的目的或满足某种需要。相比之下，情商较低的人在处理人际关系时，可能在认知能力和自我行为控制能力上有所不足。当然，人的情绪和行为还会受到其他因素的影响。除此之外，情商也体现在一个人能否敏锐地察觉自己的不良情绪，并有意识地在一定程度上干预和改变这些情绪。这种能力对于个人的情绪管理和心理健康同样至关重要。

智商和情商既有相同之处，也有不同之处。两者都以良好的情绪状态为基础，但智商主要表现在学习和处理事务的能力上，而情商则主要体现在人际交往中，它们的关注对象不同。一个人拥有高智商并不意味着其情商也一定高，反之亦然。这是因为情商通常与个人的功利目的或情绪、感情相关联，具有自我性的特点，在一定程度上可能对智力因素产生一定影响。

人的情商与其成长环境密切相关。当父母尊重孩子、行为低调且善于考虑他人、与人相处友好时，这些行为都会对孩子的情商发展产生积极的影响。这样的家庭环境有助于培养孩子与他人相处时所需的良好情绪能力。

情商是人类的一种关键能力，人作为社会性动物是无法脱离群体和社会而独立存在的。正如智商高、学习好能够对人的命运产生积极的影响，情商的高低同样会对人的命运产生深远的影响，有时甚至这种影响会更加显著。因此，情商的培养对于个体的成功和幸福具有重要的意义。

第六章

自由、独立、宽松的空间 对孩子的重要作用

第一节　孩子需要自由与独立的空间

孩子需要自由与独立的空间，包括宁静的私人空间、精神层面的自由思考空间，以及自主的行为空间。

一、自由的空间

自由的空间意味着孩子在某些时间和场合下，可以自行决定做什么、考虑什么，而不必受到父母的过度约束或干预。无论孩子的年龄大小，他们都需要一定的自由活动空间。这包括他们自行决定进行说笑、嬉戏、蹦跳等行为，以及在一定时间和空间内观看电视和电影、玩游戏等娱乐活动。此外，他们也需要与同伴交往、追求个人兴趣等自由。

当孩子拥有自由的空间时，他们的身心健康状况往往更为优越。身心健康涵盖了身体健康和心理健康两个方面，这意味着孩子身上没有长期存在的严重不良情绪。自由的空间是确保孩子身心健康的基本前提。在这样的空间里，孩子不仅能体验到基本的自由、快乐和放松，还能够消除或释放自身的不良情绪。

如果父母过度约束或控制孩子的一切时间和空间，那么将对孩子产生不利影响。这种过度的控制不仅限制了孩子的自由，还可能对他们的身心健康造成负面影响。因此，父母应当给予孩子适当的自由空间，以促进他们的健康成长。在孩子的自由空间中，父母的角色应是提供指导、建议和关心，而不是将自己的意愿强加给孩子，强迫他们按照特定的方式行事。父母应尊重孩子的选择，仅在必要时给予适当的提醒或建议。这样的教育方式有助于培养孩子的自主性和独立思考能力。

二、独立的空间

独立的空间意味着孩子拥有自己的物理空间，如房间、床铺、书桌等，以及独立的思考和行动空间。在这个空间里，孩子可以自主决策和执行某些事务，而无需父母的过度干预。

有些事务完全属于孩子自己的决策范畴，如学习中的某些决策、与同学间的互动方式，以及是否参加校外补习班或特长班等。在这些情况下，父母的角色应是提供意见和建议，而非替孩子做决定。

对于父母允许做的事情，孩子应当独立执行，并尽量减少对父母的过度依赖。例如，在学习方面，孩子应能独立完成作业，并自主识别学习中的重点与难点。在与同学交往、参加兴趣班、参与娱乐活动等方面，孩子应根据自己的情况独立处理。此外，孩子还应参与一些家务活动，如做饭、打扫卫生、购物等，以培养独立生活能力。在这些过程中，父母可以关心、询问或提供必要的帮助，但应避免过度干预。

父母在允许孩子做某些事情时，只要这些活动是安全的且符合孩子的意愿，就应该给予孩子充分的自主权。这样可以锻炼孩子独立做事的能力。随着孩子年龄的增长，父母需要逐步给予孩子更大的空间和自主权，直到孩子能够参与，甚至独立完成家中所有力所能及的事务。这包括购买自己生活和学习所需的用品，做各种家务活及其他事情。这种逐步扩大责任范围的方式，有助于培养孩子的责任感、独立性和生活技能。

父母的强弱并不直接决定孩子的强弱。相反，父母在适当的时候应该主动示弱，让孩子有机会展现自己的能力。很多时候，不是孩子本身不行，而是父母没有给予孩子足够的机会和信任，导致孩子无法发挥出自己的潜力。如果父母总是大包大揽，不让孩子尝试和参与，那么孩子可能会逐渐失去自信和独立能力。这种过度保护和控制会导致孩子产生不良情绪，从而使他们在各种事情中变得无能。

孩子对自由与独立空间的需求只要与他们的年龄阶段相适应，就是合理的。自由与独立的空间能让孩子体验到快乐、放松，从而有助于培养他们的自信和独立能力。只有这样，孩子才能真正发展出独立能力，

或者称为独立人格。否则，他们可能会失去这些基本的情感和能力。当一个人心中充满了不自信、不安全、浮躁、烦躁、急躁或对立、排斥等不良情绪时，这些情绪可能会对他们的独立能力产生严重的负面影响，使他们失去积极主动的意识。这些不良情绪是影响孩子独立能力的潜在根源。当孩子养成独立做事的习惯时，他们就具备了真正的独立能力。这种能力将增强他们的主动意识，塑造他们的行为，使他们在面对挑战和困难时更加坚定和自信。

孩子在外面也同样需要独立的空间。只要孩子不是向父母求助，或者他们所处理的事情不是特别重大或紧急，父母通常应该避免过度干预或干涉他们的行为。孩子在成长过程中，无论是做错事还是做对事，无论是吃点亏还是赚点便宜，都是正常的，因为这些经历能够帮助他们学会独立处理问题。这些都属于孩子的独立空间范畴，父母应该给予尊重。

孩子的社交能力是非常重要的，这是他们融入群体和社会的基础。在孩子小的时候，健全人格的形成尤为重要，因此父母不应过度干预或干涉孩子的行为。比如，父母不应干预孩子与同学、朋友之间的交往，避免轻易评价其他孩子的行为是否妥当，更不应以此为依据指导孩子如何做、如何说，甚至如何应对其他小朋友。这样的行为会让孩子产生不良情绪，并可能导致他们失去与同学、朋友友好相处的能力，以及处理问题的能力。同时，父母也不应过度教导孩子如何与其他小朋友搞好关系，以及过度强调不能和小朋友闹矛盾，不能欺负小朋友等。如果父母总是按照这种方式来教育孩子，那么孩子同样会产生不良情绪。而这种情绪会影响他们与同学、朋友之间的相处。父母应该相信孩子的能力，给予他们足够的自由和空间，让他们在实践中学习和成长。

父母应该做父母的事，孩子应该做孩子的事，父母和孩子之间需要一定的界限。当父母与孩子在某些事情上意见不一致或发生矛盾时，父母处理事情的标准主要取决于事情的重要程度，以及这是否属于孩子应有的自由与独立空间。对于原则性的事情，如孩子的行为涉及过度浪费食物、对长辈不尊重、毁坏公私财物、偷窃、欺负同学或索取同学财物等，父母需要与孩子进行深入沟通，明确阐述自己的观点和期望，并引导孩子理解这些行为的性质和后果。

在生活中，有些孩子展现出很强的自主性，能够自己思考问题并付诸行动，甚至尝试做一些大人做的事情。而另一些孩子则可能表现得不太会做事或者缺乏自信，认为自己无法完成或做好某些任务。这种差异正是独立能力强弱的表现。独立能力强的孩子通常能够独立思考、解决问题，并具备自我管理和自我发展的能力。而独立能力弱的孩子则可能需要更多的指导和支持，才能逐渐培养起自己的独立性和自信心。

一个十三四岁的孩子本应具备自主前往照相馆拍摄个人照片的能力，而这个孩子是由爸爸领着去的，全程缺乏主动性，所有决策都由爸爸主导。这反映出孩子从小可能就在一个缺乏自由与独立空间的家庭环境中成长，父母过度管控孩子的各种事务。这种家庭模式导致孩子没有良好的身心状态，缺乏独立能力，他们的情绪和心理状态可能长期处于"我什么也不行、什么也做不好、什么也不用我做"的消极状态中。这样的孩子往往感到不快乐，身上充满了不良情绪，缺乏独立人格。为了孩子的健康成长，父母应当给予孩子更多的自由和独立空间，培养他们的自主性和自信心，让他们能够在实践中学习和成长。

不同年龄段的孩子应当拥有与其年龄相匹配的自由和独立空间。任何试图剥夺这些自由和独立空间的行为，都会引发人们内心的抵触和不快，即使他人的观点或做法在某种程度上是正确的。特别是当这种剥夺是以不良的方式或出于满足个人私欲的目的时，这种抵触情绪会更为强烈。孩子同样不愿意自己的这种需求被剥夺，他们渴望得到应有的自由和独立空间。父母在养育孩子的过程中，应避免出于自己的面子心理、不放心心理或过高期望心理而过度约束或干涉孩子的成长。

然而，有些父母在对待孩子时往往难以掌握适当的界限，容易侵犯到孩子的个人空间。在孩子的成长过程中，他们需要通过自己的经验来认识、处理、选择，甚至反省一些不恰当的行为。同样，当孩子长大后，他们也需要自己作出学业和就业等重要事情的选择。

很多事情的对错、好坏并没有一个准确的判断标准，即使是父母，也难以完全把握这个判断标准。特别是在涉及个人喜好、适应性等方面的事情上，孩子才是最清楚的。因此，父母的角色应该是给出意见、建议和适当的提醒，而不是代替孩子做决定。只有这样，孩子才能真正成长，养成独立能力，以及更好的做事能力。即使孩子走了一段弯路，也是有价值的。只要他们具备健康的身心和独立做事的能力，他们就会重新认识和选择，包括重新审视和接受父母给出的意见和建议。他们会找到真正适合自己的道路。而父母过度代替孩子做选择，并不一定是正确的做法。实际上，阻止孩子独立成长是有害的。父母应该相信孩子的能力，给予他们自由和独立的空间，让他们在实践中学习和成长。

家庭中遇到的重要事情，特别是与孩子自身利益相关的事情，如选择学校、确定学习科目或购买贵重物品等，不应完全由父母单方面决定。相反，孩子应当参与其中，而父母应该倾听和尊重他们的意见和想法。良好的沟通是建立和谐亲子关系的关键，也是父母尊重孩子的重要方式。通过有效的沟通，父母可以了解孩子的需求、想法和感受，从而作出更加明智和符合孩子利益的决策。

在某些事情上，人的意志是神圣不可侵犯的，这是人性的基本需求。人渴望自由与宽松的环境，以便能够自由地呼吸和成长。父母的爱如同山岳一般，其伟大之处在于能够承载和包容孩子的多样性和独特性，包括接受孩子的平凡之处。然而，这种爱不应表现为对所有事情的包办、代替或强势管控。同样，以柔和的语气对孩子进行软约束和软控制，如反复询问"这样好不好""这样行不行"，或是批评"那样不好""那样不对"，并以"真乖"等语言作为奖励，也不是一种健康的教育方式。

　　父母有时会不自觉地将孩子视为自己的私有物，认为他们没有独立的思想和认知能力，从而试图施加各种行为，过度干预和干涉孩子的生活。这种态度导致孩子没有真正的自由与独立空间，他们的所有行为都受到父母的约束和干涉。特别有害的做法是，无论事情大小，父母都坚持与孩子讲死理、分对错、判好坏，并要求孩子按照他们的期望行事。这种行为实际上反映了父母自身的情绪化和自我化，他们打着爱的旗号，却不给孩子应有的自由与独立空间。他们通过制约和控制孩子来满足自己的心理需求，但这种做法往往导致孩子失去独立生活的能力。

　　那些过度管控孩子、不给他们自由与独立空间的父母，往往会导致孩子产生较为严重的不良情绪。这种养育方式会对孩子的智力发展产生严重的不良影响，甚至可能损害孩子的身心健康。当孩子长大成为一个能力欠缺的人时，他们的人际交往能力也会受到负面影响。

　　对于超出孩子能力范围的事情，父母不能为了锻炼孩子的独立能力或自理能力而强迫孩子去做。这会带来不良的影响，不利于孩子身心健康。

　　随着孩子自主意识和行为能力的逐渐形成，他们对自由与独立空间的需求会随着年龄的增长而逐渐增强，这是一个与年龄成正比的发展过

程。在青春期这个阶段，孩子的需求和情绪变得更加丰富且强烈化，例如对独立自主的渴望、对面子和自尊的维护、对隐私的保护及对异性情感的懵懂等。因此，父母需要给予孩子更大的自由与独立空间，允许他们参与更多的事情，以满足他们的成长需求。

由于对自由与独立空间的需求增强，青春期的孩子对外部刺激的感受也变得更加敏感和强烈，他们的情绪波动较大，容易表现出两极化的特点。他们对来自父母的行为和压力尤为敏感。父母的不当行为更容易激发孩子的不良情绪。因此，青春期的孩子更容易在父母的压力下表现不佳，或者不愿意按照父母的期望去行事，这也是青春期孩子产生逆反心理和叛逆行为的主要原因之一。

与儿童期相比，青春期的孩子在心理发展上有所不同，他们已经形成了更为固定的基本价值观。在没有外部不良影响的情况下，他们通常不会向极端的方向发展。然而，作为一个生命体，他们仍然需要有序、合理的发展，并从中获得满足和成长。

具备正常认知能力的人通常能够正确认知日常事务的合理性和恰当性。如果一个人对事物的认知失去了合理性和恰当性，那么这可能是由于他存在精神或心理方面的问题，或者受到了个人不良情绪的影响。青春期的孩子只要身上没有形成顽固的不良情绪，并且父母没有过度的干预行为，孩子就能够健康成长。

因此，父母应该根据孩子的不同年龄阶段，给予相应的自由与独立空间，并尊重他们的需求和特点。这对于孩子的身心健康、智力发展以及能力培养都至关重要。通过合理的引导和支持，父母可以帮助孩子建立自信，让他们养成独立思考的能力，并为他们的成长奠定坚实的基础。

第二节　孩子需要宽松的空间

当孩子犯错、失误或做得不够好时，父母应该表现出包容和宽容的态度。他们不需要对孩子的每一个细枝末节都过分关注，因为生活中充满了琐碎的事情。父母不应过于苛刻，允许孩子犯错误并从中学习。即使孩子不小心弄坏或打烂一些东西，也不应被视为严重的问题。无论是日常琐事，还是学习上的事情，父母不必要求孩子做到完美。只要孩子能够基本做对并顺利完成，就应该给予肯定。只要他们的行为不是肆意的或过度的，就可以接受。当孩子处于不良的情绪状态时，他们可能难以发挥出最佳能力。相反，如果父母过度、过分地严格要求孩子，那么

可能会引发孩子的不良情绪，从而影响他们的表现。此外，人不能长时间处于紧张和压力下。因此，父母应该理解并尊重孩子的需要，为他们创造一个轻松、和谐的环境，让他们能够自由地成长和发展。

孩子不仅需要自由与独立的空间，还需要宽松的环境。在面对非重要、非严重和非原则性的事情时，父母应该给予孩子更多的宽松空间。这样做可以让孩子感到放松和快乐，有助于他们形成更好的心理状态，从而更有能力去应对生活中的各种挑战。同时，这种宽松的教育方式对孩子的情绪结构发展也起着至关重要的作用。

在家庭中，一切都采用严格、严密、一丝不苟的思维和行为方式是不合理的。将人类比作机器，追求同样的精密和严格，并不符合人性的规律。如果孩子长期处于严厉、苛刻的束缚中，那么他们的身体和精神将会持续处于紧张和压力状态。久而久之，孩子的情绪、精神和身体都可能受到不良影响。

宽松和自由的空间是孩子拥有健康身心的基本且必要条件，父母需要清晰地认识到这一点。人只有在自由与放松状态中，在面对重大、重要任务时，才会更有能力应对。

人既需要约束和制约，又需要自由和宽松。孩子懂事后，他们在家庭中的自律主要来自父母的教育和引导，而不是仅仅通过严格的管束来实现。

当然，对于一些重大的事情和重要的规则，比如遵守法律和道德、不伤害自己或他人等，父母对孩子提出一定程度的高要求是完全合理且必要的。对于大多数孩子来说，只要他们没有严重的不良情绪，通常不会有过度的行为表现。因此，父母在养育孩子的过程中，需要找到平衡，既要给予必要的指导和约束，又要尊重他们的天性和需求。

传统的家庭教育强调让孩子养成良好的习惯，如爱学习、早睡早起、讲卫生、懂礼貌、爱运动、勤俭节约等，这些习惯对孩子的成长具有深远的影响。一方面，这些习惯有助于培养孩子的各种爱好，如爱运动、爱干净、爱看书、爱劳动、勤俭节约等，这些都是个人品质的体现。另一方面，养成好习惯对于解决实际问题具有积极的效果，能够带来预期的结果和价值，尤其是在面对重大事情时。例如，为了保持身体健康，养成良好的饮食习惯和爱运动的习惯是非常重要的。同时，对于一些人来说，他们的爱好和特长也是通过坚持练习和养成习惯来逐渐形成的。在养成习惯的过程中，我们需要注重合理和恰当，避免过度追求没有实际意义和价值的东西。

在处理事情时，孩子应当学会张弛有度、有所取舍和权衡轻重，这样的态度和方法才是合理的。如果父母过度干预，并以各种各样的理由和方式去控制孩子，那么这种干预将会对孩子的成长产生巨大的危害。

传统教育认为，父母身教大于言教，强调潜移默化的影响力。然而，过于严肃、郑重、一味地强调对孩子讲道理的教育方式，却忽视了实际环境的重要性。脱离实际环境向孩子讲述大道理，往往不符合教育规律。正确的做法是，在具体的事情或环境中，通过较少的语言提醒、引导和教育来影响孩子。事实上，一句话无论多么正确，若脱离了实际环境或者父母反复强调，都有可能引发孩子的不良情绪。

自由、独立和宽松的空间对孩子的创造能力具有重要的作用。在基于原有知识和经验的思维活动中，智力因素确实是非常关键的。然而，在探索未知和创造新事物的活动中，智力因素的重要性相对降低，而意志因素和稳定的兴趣因素则显得更为重要。

稳定的兴趣是驱动人们进行创造性活动的内在动力。缺乏良好的兴趣，人们可能会失去积极性，缺乏动力去做相应的事情。在遭遇失败、挫折和打击时，人的意志力有可能会减弱，甚至消失。然而，人的良好兴趣却会激发人的动力。在创造性活动中，意志和兴趣，尤其是兴趣，能够持续推动人们进行思维活动，包括思考问题、分析问题和钻研问题。

稳定的兴趣通常受到两个因素的影响：父母的行为或特点、人的自由因素。

（1）父母的行为或特点。如果父母喜欢发明创造，喜欢探究未知的事物，那么孩子很可能会受到这种影响，从而形成相应的情结和特别的兴趣。

（2）人的自由因素。这种自由通常来自家庭环境中的自由、独立和宽松的空间。在这种自由的环境中，孩子更容易对创造性活动产生浓厚的兴趣，因为他们没有受到太多、太强的固有束缚。

在成长的过程中，人不可避免地会形成一些固化的思维或观念，这些可能是强烈的功利思维，也可能是过度重视人际关系的思维，或是传统家庭中强化的传统思想等。这些固化的观念往往会对人的创造性思维产生一定的影响。特别是在生活贫困的年代，父母更容易让孩子背负沉重的生活压力。而长期承受这种压力的孩子可能会形成较为固化的情绪和思维，从而严重束缚他们的创造性思维。因此，为了培养孩子的创造性思维，我们需要关注并理解他们所处的环境和压力，尽可能地为他们创造一个自由、独立、宽松的成长空间。

第七章

孩子在自我实践中表现出的
不同能力

第一节　孩子在做家务中表现出的能力

父母如果想要让孩子参与家务或其他劳动，就需要让孩子感受到合理的压力与责任。这种压力与责任应当建立在父母与孩子之间良好沟通的基础上。如果缺乏合理的压力、责任和有效的沟通，那么孩子很难仅仅通过强制、奖励、表扬等方法来坚持完成家务或其他任务。即使他们勉强去做，也很难充分发挥自己的能力和潜力。

合理的压力和责任可能来源于父母的行为自律，他们有自己的行为原则，并坚守自己的价值观。当父母对自己严格要求，并对孩子也设定相应的期望时，就会让他们对某些事情产生压力和责任感。此外，当父母因工作或其他事务繁忙，无法顾及一些必要的或重要的家务事时，通过与孩子进行良好的沟通，可以让孩子承担起这些任务，从而让他们形成压力和责任。在贫困的年代，由于生活艰难和压力大，大部分孩子过早地承担起家庭的劳动，这种现象也体现了压力和责任。

对于那些必须做的家务事，这种情况更为明显。这些必要的家务事能够让家庭成员感受到足够的、合理的压力，从而促使孩子付出努力来完成这些任务。相比之下，对于非必要的家务事，孩子往往不会产生那么大的压力和责任。

对于孩子是否参与一些非必要的且又力所能及的家务事，这同样需要评估其合理性，并确保父母与孩子之间有良好的沟通。例如，当家庭中有多个孩子或父母工作繁忙，导致有许多琐碎的家务事无法完成时，父母可以通过与孩子沟通，让孩子承担一些家务，包括负责某一种或某一类家务活。然而，孩子是否能接受并做好这些家务，很大程度上取决于他们是否感受到合理性。如果孩子发现家里的这些家务事并不重要，那么他们可能会对父母分配给自己的任务产生怀疑，从而调整自己的思维和行为方式。这种情况下，孩子可能难以认真对待家务，甚至产生不良的情绪。相反，如果孩子感觉家里的家务活确实重要，与父母所描述的相符，并且这些家务是父母确实无法独自完成的，那么孩子会感受到这种合理性的压力。这会促使他们以更好的状态去参与家务，并且更有可能将家务做好。

因此，孩子参与家务活动不能是父母强迫或单纯通过说教来实现的，更不能建立在与孩子的不良沟通或对孩子的不良态度之上，因为这样的做法往往会导致孩子产生不良情绪，影响他们参与家务的积极性。长此以往，孩子可能会失去认真完成家务的意愿。孩子参与家务的前提是任务分配的合理性。父母在引导孩子参与家务时，应该体现出对孩子的尊重、理解和宽容。家庭环境与社会环境确实存在区别，家务活动主要是父母的责任，而不是孩子的主要责任。然而，通过合理的安排和良好的沟通，让孩子适当地参与家务活动，不仅有助于培养他们的责任感和生活技能，还能促进家庭和谐与孩子的全面发展。

在家中，孩子是否自己处理个人事务，如整理床铺、洗衣服等，这取决于家庭的教育理念和父母的价值观。对于那些对自己和孩子在许多方面都有严格要求的父母，尤其是当孩子具备自理能力时，他们可能会更倾向于要求孩子自己处理个人事务并在其他方面设定高标准。然而，在这样的严格要求下，孩子仍然需要一定的自由和宽松的空间来成长和发展。对于那些对自己和孩子要求不那么严格的父母，他们可以选择适当提醒或要求孩子自己处理个人事务，甚至在某些情况下帮助孩子完成任务。通常情况下，这种做法不会对孩子产生负面影响，因为孩子在家中无法完美完成个人事务或偶尔的懈怠并不是原则性问题。

重要的是，父母应避免过分严格要求孩子，尤其是在非原则性的事务上。孩子需要一定的自由和宽松的空间，以便更好地发展自己的能力。以小事做不好就推断大事也做不好的理由来要求孩子是不合理的，这可能会导致孩子产生不良情绪，甚至影响他们做事的能力。

在某些国家，法律规定孩子在家中有做家务的义务。这种来自法律的外部要求与父母日常对孩子做家务的要求在本质上是不同的。只有当父母的要求和约束合理且恰当时，孩子才更可能接受并执行。如果父母的要求不合理或过于苛刻，就可能会导致孩子产生不良情绪，甚至影响他们做好家务的能力。除了父母，老师也可能对孩子提出在家做家务的要求。这种外部要求会增加孩子对做家务的压力和责任感，让他们深刻地认识到做家务的重要性。当父母通过积极的言行来提醒和要求孩子做家务时，这种外部要求可以在一定程度上起到辅助作用，特别是在那些需要孩子独立处理的事务上。

总的来说，老师的要求和父母的要求相结合，可以共同促进孩子养成良好的做家务习惯。需要注意的是，这些要求必须是合理和恰当的，同时父母也需要通过积极的方式来引导和鼓励孩子，以确保他们能够乐于接受并执行这些要求。

第二节　孩子在遇到问题和挫折时表现出的不同能力

孩子在做一些事情的过程中，往往会遇到各种问题、困难或挫折，而他们的应对方式往往能反映出他们的应对能力。

一、日常生活中遇到的问题

在日常生活中，无论是吃、穿、住、行、玩，孩子们都会遇到各种问题和困难。这些问题和困难通常都属于基本生活技能的范畴。只要父母给予相应年龄段的孩子足够的独立尝试的空间，避免过度干预或包办，孩子就能够学会如何解决问题或完成任务。有时，当孩子在生活中遇到问题时，他们会向父母求助。在这种情况下，父母只需要给予孩子适当的指导或建议，他们就能够学会如何解决这些问题。基本的生活问题通常不会过于复杂，只要父母允许或放手让孩子去尝试，孩子通常就都能够掌握或解决这些问题。

二、人际关系问题

孩子在与同伴、同学等不同年龄段的人相处时会遇到各种人际关系问题。这些问题通常并不严重，也不涉及原则性的问题。对于这类问题，父母应该让孩子自己去处理和解决。除非问题是由父母造成的，否则孩子通常都有能力适应并学会处理人际关系。

三、在做有一定难度的事情中遇到的问题、困难或挫折

在学习乐器、唱歌、绘画、舞蹈或其他具有挑战性的活动中，孩子们往往会遇到问题和困难，甚至可能遭遇挫折。这些活动通常需要孩子们具备一定的智力、技能或特别的兴趣。这些技能的培养并不总是通过孩子的努力或父母的说教和批评来实现的。相反，父母的不当行为或态

度可能会引发孩子的不良情绪，进一步影响他们的学习效果。父母应该采取和缓、柔和的态度，与孩子进行平等、良好的沟通，提供有益的建议，激发孩子的学习兴趣。如果孩子对某项活动确实没有兴趣或不愿意参与，那么父母不能强迫他们，而应该尊重孩子的选择。

对于必须学习的课程，如果孩子确实面临困难，那么父母应该鼓励他们尽力而为，但不必过分追求成绩。重要的是让孩子感受到父母的鼓励和支持，而不是压力和过高的期望。通过这样的方式，父母可以帮助孩子建立积极的学习态度，培养他们的自信心和应对挫折的能力。

四、孩子吃苦耐劳的品质

在一定的环境中，当面对需要付出努力的事情时，孩子应具备一定的适应能力和接受能力。这种能力往往源于孩子身上良好的情绪，以及受到父母吃苦耐劳行为的影响而形成的吃苦耐劳的品质。一个容易产生各种不良情绪的孩子，往往缺乏吃苦耐劳的品质，同时也难以应对困难和挫折。

父母人为制造的挫折教育方式，通常并不一定具有太大的实际意义。相比之下，培养孩子形成良好的情绪更为重要，因为这有助于他们更好地应对生活中的各种挑战。在实际生活中，孩子学会面对并克服困难，这样的经历往往更富有教育意义。

挫折教育的最佳方式之一是父母通过行动来展现如何面对有价值、有意义且困难重重、需要付出努力的事情。例如，当父母积极投身需要付出努力的活动中时，孩子会从中形成对相应事情的良好情绪和积极认知。通过这种方式，孩子自然而然地养成了吃苦耐劳的品质，以及面对困难、挑战困难的能力，这些能力将在他们未来的人生道路上发挥重要的作用。

相反，如果父母因为各种原因而厌烦、回避困难，并对需要付出努力的事情产生抵触情绪，甚至将这种不良情绪发泄到孩子身上，那么孩子很可能会形成严重的不良情绪。这种情绪会深深植根于孩子的心中，导致他们厌烦、排斥和逃避困难。长此以往，孩子可能会在未来的生活中失去面对困难和挫折的能力。

因此，父母的行为和态度对孩子的成长具有深远的影响。通过亲身示范和积极参与，父母可以帮助孩子形成积极的情绪，以及面对困难的勇气，为他们未来的成功打下坚实的基础。

第八章

父母的需要及其对孩子的影响

第一节　人的需要对自己和他人的影响

我们每个人的需要都有相同之处，也有不同之处。我们对自己需要的感知是最直接的，不需要思考，并且时时刻刻都处在感知状态中。因此，我们每个人的自我行为都带有一种天然的自发性。然而，对他人需要的感知是间接的，需要大脑进行思考和判断，或者需要信息的传递，如对家人需要的感知。

我们作出的有利于他人的善良行为是由我们每个人的群体性和社会性所决定的。我们的群体性、社会性及我们的情感需求共同决定了我们会作出有利于他人的行为。因此，每个人身上都同时存在着善与恶，并且这两者相互交织。然而，由于我们每个人的需求、性格、观念、习惯不相同，我们每个人的行为也会因此产生差异。通常情况下，我们每个人的需要和行为是中性的。

作为一种特殊的社会形式，家庭内部成员之间既存在着紧密的亲情纽带，又各自拥有不同的需求，这构成了家庭内部独特的现象。父母并不会因为身份的转变而自动成为完美的模范，他们同样有着自身的需求，承受着各种压力，并且情绪状态也会发生波动，这些因素都会直接反映在他们的行为之中。在照顾家庭成员的过程中，父母可能会因为种种原因而未能充分考虑，甚至忽略某些需求。此外，每位父母因为自身的需要、性格和习惯的不同，他们在对待家人的行为上也会展现出显著的差异。有的父母可能更多地展现出亲情和柔情，有的则更加侧重于对孩子的疼爱、接纳和包容，还有的可能更加注重管教，并表现出严厉或苛刻的行为风格。这些不同的行为模式都是正常且可以理解的。

第二节　人的自我性及特点

　　自私通常是指为了追求个人利益而不惜牺牲他人利益，而自我性则更多地关联到我们的精神层面的需求。这些精神需求体现了我们的群体性和社会性，如对身份地位和尊严的渴望，希望超越他人的愿望，被关注、被关怀、被重视和肯定的需求，以及展现自我和证明自身能力的需求等。这些需求往往是相对的，即通过与他人进行比较来衡量。此外，我们的精神需求有时表现得极为复杂，难以简单地进行概括。

　　家庭中的矛盾和不和谐往往源于精神上的需求冲突。这种现象在夫妻之间及父母与孩子之间都普遍存在。例如，有些父母可能特别看重面子、尊严及自身能力，当这些需求得到满足或受挫时，他们的情绪容易受到影响，出现积极的或消极的变化。因此，有时父母可能会在孩子身上表现出过于强调个人意志的行为，或是将情绪发泄在孩子身上。

　　孩子的行为很容易对父母的需求产生影响，使父母感到高兴或生气。当然，不同的父母由于个性和偏好的差异，对同一件事可能会有不同的情绪反应和行为表现。有的父母对某些事情表现得相对平淡，而有的父母则对某些事物反应强烈。只要父母的需求保持在一个适度的范围内，这都是合理的。然而，一旦超出了一定的限度，就可能对他人和自己造成不良的影响，甚至导致一些不良后果。有些父母喜欢从自己的需求出发去考虑问题、对待孩子，这些做法并不一定是合理或恰当的，有时甚至可能适得其反。这样的父母，他们的行为往往都是基于自我需求的。需要注意的是，父母表现出来的不同需求大多是由他们从小成长的家庭环境及自身的情绪结构所决定的。

第三节　人的需要的最大化及不良影响

无论我们的需求是否合理，我们都有一种无限满足自我需求的倾向，总是努力追求自我需求的最大化。当一个人处于权力较大或自我需求不断得到满足的环境中时，这种倾向尤为明显。然而，当我们的需求可能对他人造成直接损害时，我们需要学会控制和调节自己的欲望，以确保我们的行为不会对他人造成伤害。

在家庭中，那些起主导和控制作用的父母由于拥有较大的权力，他们在很多情况下较少受到制约，这可能导致他们在对待孩子的行为上有时会过度。他们可能认为自己有权对孩子施加任何形式的管教，而孩子应该无条件地接受这些安排。父母可能期望在孩子面前最大化地捍卫自己的面子、尊严和地位。当父母的能力、面子或心情受到不良影响时，他们可能会不加控制地发泄情绪。这种父母需求最大化的表现可能对孩子产生极为不良的影响。

作为父母，应当对所有行为都保持适度的控制，无论是负面的行为，还是自认为正确和积极的行为。例如，父母之间不应有一方过度承担家务而另一方却很少参与；双方应避免一方过于强势而另一方过于弱势；父母应避免在孩子面前表达对另一方的不满。此外，过度发泄自己的情绪可能对孩子的发展产生不良影响。父母对孩子的言行应当既恰当又合理。孩子所感知到的都应该是合理和恰当的，这样才能帮助孩子形成良好的情感结构。值得注意的是，人在没有受到制约的环境中可能会过度制约他人，甚至达到极端。因此，在家庭中，父母有时需要自我约束，以确保自己的行为不会过度影响孩子。

第四节　人对面子的需要及影响

我们对面子的基本需求是维持个人在人际关系中的基本地位，它是人际关系中相互认同的基本条件。一个人完全不注重面子或适当的自我展示是不现实的，这可能会削弱自己在人际关系中的地位，甚至导致不被认同。然而，过分追求面子，并超出自身条件，则是虚荣或极端化的个人需求。这是不利的，甚至是有害的。过分爱面子通常表现为特别在意他人对自己的看法。

作为父母，无论是在家庭内部，还是外部社交场合，他们都有维护个人面子的需求。然而，一旦这种需求超出了合理的限度，特别是超出了自身的能力范围，就可能对家庭成员，尤其是对孩子产生不良的影响。因此，父母在追求个人面子时，应当保持适度的自我认知和控制。

一个人对面子的需求应当与自身的能力和贡献呈正比例关系。当这种需求超出了个人的能力和贡献时，他们往往会过于关注细枝末节的事情，并在别人可能忽视或不在意的小事上过分计较、争论或讲道理。这种现象在父母身上同样适用。当父母自身能力有限，但对面子有强烈需求时，他们可能会在所有的事情上都表达自己的观点，并对孩子进行过度的制约和管教。这导致孩子在家中享有的自由空间非常有限。这样的父母可能对孩子的情绪、心理、认知和独立人格产生较大的不良影响，甚至影响他们的身心健康。

如果人过分追求面子，就必然会对人际关系表现出过度的敏感和强烈反应，从而导致自己的情绪波动更加剧烈。这种情况不仅会对个人的心理和行为产生较大的不良影响，还可能引发一些心理和行为问题。对于孩子来说，如果过度注重面子，就可能失去灵活变通的能力，难以适应环境、接纳环境，并有效地处理事务。

第九章

家庭类型及其对孩子的影响

第一节　传统型的家庭

在传统型的家庭中，父亲通常表现得相对正统和严厉。他们坚守一些传统的思想和规矩，并有自己的行事原则和所看重的价值观。他们倾向于严肃地讲道理和遵守规矩，同时注重维护自己在家庭中的尊严和地位。在与孩子的互动中，这种父母通常避免使用随意的言语，而是选择郑重和严肃的交流方式，并与孩子保持适度的距离。他们强调某些特定的要求和期望，但通常会对其他行为表现出宽容和容忍，不会过分约束或管教孩子。这种父母允许孩子在某些方面享有自由、独立和宽松的空间。

在这种传统色彩浓厚的家庭中，虽然父母严厉，但是他们的言行往往会对孩子产生积极和良好的影响。父母自身的吃苦耐劳精神、认真的工作态度和自律的生活习惯，常常会在孩子身上得到体现。同样，父母性格中的厚道和宽容也会对孩子的情感发展产生积极的影响，使孩子形成良好的人际关系。

在这样的家庭中，孩子会形成自己独特的情感结构、认知和行为模式。他们在学习和做事上通常会展现出较好的智力，而这得益于父母的正向引导和榜样作用。虽然父母的严厉可能会让孩子在某些方面受到一定的约束，但是这会促使他们养成自律和责任感，为未来的成长奠定坚实的基础。

第二节　宽松型的家庭

　　宽松型的家庭通常不会过于强调严格的规矩，而是营造出一种相对宽松的家庭环境。在这样的家庭中，只要孩子的行为不过分出格，父母通常就会对其采取宽容和接纳的态度。宽松型的家庭对于孩子的礼仪要求相对较少，也不会过多地限制孩子的情绪和感情表达。父母对孩子的教育和管束相对宽松，他们更倾向于顺其自然，而不是过度干涉孩子的成长过程。

　　在这种家庭环境中，孩子的性格往往表现得相对中性，他们不太受特定观念的束缚，因此较少出现过激的情绪反应。他们的情绪和心理状态通常较为健康，这也有助于他们在学习上展现出较好的智力。然而，值得注意的是，过于宽松的家庭环境也可能导致孩子缺乏自律和责任感。因此，在宽松的教育方式中，父母仍需适度引导和规范孩子的行为，以促进他们全面且健康的发展。

第三节　溺爱型的家庭

　　这种家庭的父母常常过度关注孩子，渴望在孩子身上表达自己的情绪和感情，即使孩子提出的要求不利于其成长，他们也往往予以满足。这种过度关注和迁就，可能会对孩子的成长产生不良影响。例如，孩子可能因此变得不能吃苦耐劳，或者在父母因某些原因无法满足其需求时，出现不适应、无法接受的情况，并可能表现出强烈的不满和攻击性行为。

尽管这类孩子成长在父母极度关怀和几乎包办一切的环境中，但他们往往拥有自由和宽松的家庭氛围，并且享有较大的自由空间。只要不处于极度不良的环境中，他们就有能力适应正常的环境，并展现出一定的办事能力。然而，如果父母在养育过程中存在不当的过度影响，那么孩子的行为可能会出现问题。

为了避免潜在的行为问题，父母在养育孩子时应当注意平衡关爱和规矩。父母既要给予孩子足够的关爱和支持，又要教会他们适应挫折，学会自律和承担责任。只有这样，孩子才能成长为具有行为自律的个体。同时，父母也应该认识到，过度的迁就和满足并不利于孩子的成长，而适度的挑战和约束对于培养孩子的品格和能力至关重要。

第四节　父母行为严重化的家庭

一、语言和肢体暴力型父母

语言和肢体暴力型父母，他们对孩子的态度和情绪通常不稳定，经常批评、训斥，甚至打骂孩子。这类父母往往难以接受孩子的行为与自己的观念、想法不一致，一旦产生不满情绪，他们就可能采取语言或肢体暴力的方式来表达。

对于完全情绪化的父母，他们的暴力行为并非出于对孩子的教育或纠正，而是纯粹由于自身情绪的变化而引发的简单和低水平的语言或肢体暴力。这种情绪化的行为往往是对自身情绪的发泄和转移，对孩子造成的不良影响较大。这种环境下的孩子长期处于恐惧和不安中，这对他们的心理健康和成长造成严重的负面影响。

在孩子参与家务和劳动的过程中，有些父母会训斥甚至打骂孩子。然而，孩子并不应该承担主要的家务和劳动责任，这一责任主要由父母来承担。如果确实需要孩子帮忙，那么父母应该与孩子建立良好的沟通，以理解、鼓励和支持的态度进行引导。以训斥、不良口气、命令等方式强迫孩子去做事是不合理的做法，这种行为可能会对孩子造成不良影响，甚至影响他们对待劳动的正确态度。父母应该采用更加温和、理智和有效的方法来引导和教育孩子，以促进他们的健康成长。

在父母行为严重化的家庭中，父母行为会导致孩子产生持久且难以消除的不良情绪。受到这种影响，孩子很难展现出良好的行为水平和做事能力，甚至可能出现一些异常行为。为了避免陷入这种持续的恶性循环中，父母需要意识到自己的言行对孩子产生的深远影响，并努力调整自己的教育方式，以建立更加和谐的亲子关系。通过积极沟通及理解和支持，父母可以帮助孩子建立积极的情绪和行为模式，促进他们的健康成长。

父亲的语言和行为暴力可能导致孩子形成激烈的情绪，而母亲的语言和行为暴力则可能使孩子变得自私、自我、胆小，并可能保留过多的儿童期特点。这是因为母亲在孩子的成长过程中扮演着更为重要的角色，因此她们应该给予孩子爱、安全和温暖，满足孩子合理且基本的心理需求。然而，如果母亲严重缺失这些方面的支持和关爱，那么可能会给孩子造成难以愈合的心理创伤。为了避免这种情况，父母应该意识到自己的言行对孩子的影响，并努力提供稳定

和爱的环境，以促进孩子的健康成长。

二、精神暴力型父母

在父母行为严重化的家庭中，除了语言和肢体暴力型父母，还有一种是精神暴力型父母。这类父母的需求常常具有强烈化、细微化，甚至矛盾性的特点。需求的矛盾性是指人在某些极端化的不良情绪影响下，对于某种需求的存在与否可能产生矛盾的态度。这样的父母在家中对于许多事物的感受和反应特别敏感和强烈，容易经历较大的情绪波动。这种情绪波动可能会在家庭中营造一种紧张、不稳定的氛围，对孩子产生深远的影响。为了改善这种情况，父母需要学会管理和控制自己的情绪，以更稳定、理性的态度来面对家庭生活中的各种挑战。

当人的需求变得越强烈、越细微化，甚至充满矛盾性时，他们展现出的情绪波动频率和幅度都会相应增大。具有这种特点的父母，他们的情绪和需求特点尤为突出，对面子的需求、渴望，以及追求自身能力的欲望都可能表现得特别强烈和细微。因此，他们往往会通过一些看似微不足道的事情来打压或制约孩子。与肢体或语言暴力不同的是，他们更可能采用指责、训斥、埋怨、怪罪、说教等方式来限制和控制孩子的行为。这些行为往往是为了发泄自己的不良情绪或强加自己的意志。对于孩子来说，这种精神层面的压制和限制可能会对他们的心理健康和成长产生深远的影响。

这种父母特别热衷于讲述自己认为的对错、好坏，并经常批评孩子不符合他们观点的行为。他们往往对自己犯的错误视而不见，但对孩子和家人的错误却异常敏感，难以容忍。他们喜欢表达自己的观点和想法，并倾向于强化父母与孩子之间的界限，不愿与孩子建立平等和宽松的关系。在这种家庭中，父亲常常以严肃和严厉的态度对待孩子，并不自觉地抑制孩子在家中和外界的自由和独立行为。在这种环境下，孩子几乎没有自由、独立和宽松的空间。

　　这种父母往往表现出极端的自我化和儿童化的特点，导致父母与孩子的角色倒置。他们自身的人格可能并不健康，具有玻璃心、自恋等特质。相较于那些直接采用打骂教育的父母，这种父母对孩子的危害可能更大。他们不仅无法给予孩子应有的关爱和引导，还通过极端的行为和情绪反应，给孩子的心理健康和成长带来深远的负面影响。

　　这类父母还常常表现出喜欢与人比较，谈论他人是非，轻易表达对他人的意见、不满，甚至敌意。他们不仅喜欢对人进行分类，并"贴上标签"，还在孩子面前不加回避。这种行为对孩子的良好情感形成具有极为不良的影响。孩子可能会因此学会用有色眼镜看待世界，变得过于计较得失，容易与人产生对立和对抗，从而形成有缺陷的性格。此外，这样的孩子也更容易受到环境和他人的影响，因为他们缺乏适应和接受环境的能力。

　　在这种家庭环境中，孩子长期承受着压力、压抑、不安全感、紧张，甚至惶恐和矛盾的情绪。这些不良情绪会在孩子身上形成一种固定的不良情绪结构，导致孩子的情绪、心理、行为，甚至精神容易受到外部环境因素的影响，从而出现问题。

　　通常情况下，人在没有受到他人直接且较大的侵犯时，应该展现出一定的包容和谅解的品质，保持对人、事、物的平和心态和良好情感。父母在处理矛盾和问题时，其行为是否恰当、合理，都会对孩子的情感和认知发展产生深远影响。过度或情绪化的争吵不利于孩子形成健康的情感和认知。因此，父母应该帮助孩子建立良好的情感结构，并有意识地培养他们身上的积极情感，以促进他们的全面成长。

第十章

父母最有效的两种言行方式

第一节 父母对孩子温柔、和缓的言行

孩子的身心都是脆弱的，缺乏独立能力，他们对爱、温暖和温柔有着天然的需求。当孩子感受到父母的关爱、温暖和温柔时，他们会感到放松、舒适和安全。这是孩子成长过程中不可或缺的基本需求。只有当孩子感受到父母的这些积极行为时，他们才能健康地成长。

美国心理学家哈里·哈洛曾经进行过著名的恒河猴实验。在这个实验中，幼猴在出生后不久就与亲生母亲分离，哈里·哈洛为幼猴设置了两个代理母亲：一个是覆盖着毛绒的代理母亲，另一个则是完全由铁丝制成的代理母亲。"铁丝妈妈"身上装有奶瓶供幼猴吃奶，而"毛绒妈妈"则没有奶源。但实验结果显示，当幼猴不饿的时候，它总是选择依偎在"毛绒妈妈"的怀抱中。一旦饿了，它就会去"铁丝妈妈"那里吃奶，吃完奶后又会迅速回到"毛绒妈妈"的怀抱中。

为了进一步探究幼猴的行为偏好，哈里·哈洛在"毛绒妈妈"的身上安装了一个可以打击幼猴的装置。虽然这个装置会惩罚幼猴，但是幼猴仍然倾向于选择回到"毛绒妈妈"的怀抱，即便这意味着可能会受到打击。基于这些观察结果，哈里·哈洛得出结论：幼猴对猴妈妈的触摸和温柔的需求超过了吃奶这一生理需求。

实际上，幼猴的行为不仅仅是出

于对食物的需求，更重要的是它们对母爱和温柔的需求，以及在母亲怀抱中所感受到的安全感。幼猴对母亲形成了积极的情感，并将这种情感固定在自己的大脑中。即使母亲对幼猴的态度变得恶劣，幼猴也不会轻易改变对母亲的良好印象和情感。这与人类的情况非常相似，无论父母如何打骂或虐待孩子，孩子都不会放弃对父母的情感依赖。这种深刻的情感纽带是基于对父母的爱和依恋，而不是仅仅基于物质或生理需求。

虽然假猴妈妈为幼猴提供了一定的关爱和温暖，但是始终无法替代真正的母爱。当幼猴无法获得母亲的爱和温柔，以及由此带来的真正的安全感时，幼猴可能会产生不正常的情绪和感情。由于假妈妈无法提供全面的行为示范和学习机会，幼猴也无法从它的身上学到正常的行为能力。长此以往，这些幼猴在成长过程中可能会出现严重的精神和行为问题，如孤僻、自残等。

婴幼儿同样如此，父母的爱与温柔的言行，以及柔和的态度，对于孩子的精神和心理需求至关重要。这种温柔的行为方式不仅能帮助孩子建立起对父母的深厚信任，还能使孩子感受到放松、自由、舒适和安全。无论孩子长到多大，他们都需要父母的这种温柔行为。通过父母的这些良好行为，孩子能够处于被认可和被接受的状态中，这对他们的身心健康产生着重要的影响。父母以这种方式对待孩子，将对他们良好情绪的培养产生深远的作用，同时有助于塑造他们健康、积极的情感和心理状态。

当孩子出现顽固的不良行为时，为了改变他们的行为，父母需要采取良好的态度，用温柔的言行与孩子进行沟通。有效的沟通是改变孩子不良行为的关键，也是疗愈孩子心灵创伤的最佳方式。

父母虽然能够通过温柔的言行方式来塑造孩子的行为特点，但这些特点并不一定都是恰当和健康的。例如，过度强调孩子像小大人一样乖巧听话，或者让孩子过度讨好他人，都可能导致孩子形成不良的情绪和行为模式。使用诸如"宝贝那样不行""不对""不好，应该这样"或

"宝贝真好""真乖""真懂事"等柔和的语言，若只是单纯地表达期望和要求，而不是基于理解和引导，同样可能产生负面影响。

重要的是，这种方式看似温柔，如果其中包含了父母对孩子的不合理约束和控制，那么仍然可能对孩子的成长产生不良影响。因此，父母在塑造孩子行为时，需要确保自己的言行是真实、恰当和基于理解的，以帮助孩子形成健康、积极和自主的情感和行为模式。

第二节　父母与孩子平等、友好沟通的言行

人类有精神上的需求和社会性的需求，因此平等的沟通显得尤为重要。当父母与孩子能够进行平等的沟通时，孩子往往更容易认可、接受父母，并从父母那里获得一些难以从外部获取的良好情绪。相反，如果父母与孩子的沟通是不平等的，其中充斥着父母的说教或者父母通过温柔和爱的方式对孩子进行软性的约束和控制，那么即使父母是正确的，孩子也很难接受。因此，父母与孩子的沟通应该做到平等、友好，父母应该耐心倾听孩子的想法和感受，并与孩子共情，这样才能真正促进孩子的健康成长。

通过与孩子的良好沟通，父母不仅可以提供自己的意见和建议，还可以帮助孩子处理某些事情。然而，这些意见和建议应当基于客观事实和中立立场，而不是仅仅反映父母的主观意愿或个人需求。平等的沟通是对孩子的尊重，父母需要克服那种认为自己总是正确、孩子总是错误的错误认知。

父母与孩子进行平等、友好的沟通，尊重孩子的观点和感受，会激发孩子产生积极的情绪，并增强他们处理问题的能力。相反，如果父母在与孩子的沟通中缺乏平等和尊重，那么可能会导致孩子产生消极情

绪，并降低他们的能力。这也是父母在育儿过程中应当重视的内容。

对于某些事情，父母可以给出自己的意见和建议，但孩子有权选择是否听从。重要的是，父母不应强加自己的意志给孩子。当孩子按照自己的想法行动并发现错误时，他们将有机会重新尝试，这有助于培养真实的能力。在这个过程中，父母的态度至关重要。即使孩子作出了不同的选择，甚至犯了错误，父母也应该保持肯定和支持的态度，给予孩子尊重和鼓励。这样做能够让孩子保持积极的心态和持续的动力。相反，父母过于纠结于对错，斥责或埋怨孩子，这将会引发孩子的不良情绪，削弱他们的自信心，甚至对他们的身心健康产生不良影响。

在父母与孩子的沟通过程中，倾听往往占据重要地位。这种倾听的价值并不仅仅在于理解孩子所说的具体内容，更重要的是它传递了对孩子的尊重，以及为孩子提供了一个情绪释放或平复的机会。当孩子感受到被倾听时，他们会产生积极的情绪，这对于他们的心理健康和情感发展至关重要。值得注意的是，这种来自父母的倾听与孩子从外人或心理咨询师那里获得的倾听效果并不完全相同，因为家庭环境中的倾听往往伴随着深厚的亲子情感联系。

第十一章

教育方式对提高孩子智力与能力的重要作用

第一节　家庭教育的本质及特点

一、家庭教育的本质

　　家庭教育的核心在于父母良好的行为和合理、恰当的言语引导。父母自身的行为对孩子的影响是潜移默化的，起着主导作用。通过言语教育，父母应在具体情境中对孩子的不当行为、过度行为或错误行为进行有针对性的、合理的纠正和指导。这样的教育方式有助于孩子形成良好的自律意识和积极情绪。重要的是，父母的言语教育应避免过度干预、强加观点或意志，以及凭空的说教。否则，这些不当行为可能会导致孩子产生不良的情绪。

二、家庭教育的特点

　　家庭教育的特点主要表现在它与学校教育、社会教育在性质上存在一定的差异。学校教育和社会教育更加注重规范性和制约性，例如遵守法律法规、恪守道德规范，以及接受知识和技能教育等。这些不仅是教育的基本要求，还是学生必须完成的任务。相比之下，家庭教育的制约性较小，这主要体现在以下三个方面：

　　（1）关注孩子的需要和行为是否超出了合理的范围或是否恰当；

　　（2）评估孩子是否有能力并成功地完成了一些重要的任务，或是在父母的适度提醒和督促下，是否能够达到标准；

　　（3）审视父母自身的行为是否对孩子或他人造成较大的伤害或不良影响。在家庭教育中，这有助于促进孩子的自主发展和良好行为习惯的养成。

在家庭中，孩子应享有时间和空间的自由与宽松，而非受到严格的限制。若孩子在家中处处受到过度的约束，就可能会对他们的成长产生负面影响，甚至导致心理和行为问题的出现。自由和放松对于孩子在外部环境中更好地发挥能力至关重要，也是培养自信和独立性的必要条件。

当然，父母在上述提到的三个方面对孩子进行合理的约束和教育也是非常重要的。这有助于孩子形成良好的行为习惯和情绪管理能力，同时也有助于他们提升解决问题的能力。在平衡自由和约束的过程中，父母应该根据孩子的年龄、性格和需求来制定适当的规则，以促进他们的全面发展和健康成长。

第二节　在具体事情或具体环境中的教育

外出时，孩子可能会遇到各种事情和情境。当他们表现出不恰当或错误的行为时，只要父母能够及时、恰当地进行纠正和教育，通常就能让孩子接受并改正这些行为。例如，在商场、医院或候车厅等公共场所，如果孩子插队、硬闯卡点或大声喧哗，父母通过制止和适当的批评，就可以帮助孩子认识到自己的行为不当，并促使他们改正。同样，当孩子与其他小朋友玩耍时，如果出现争抢或攻击性行为，那么父母可以通过批评和教育来引导孩子学会分享和尊重他人。

此外，在家庭环境中，孩子可能会出现看电视、不讲卫生、浪费食物或乱扔东西等不良习惯。通过提醒和适当的教育，父母可以帮助孩子建立健康的生活习惯和责任感。

当孩子在外部环境中出现问题，如与同学或其他小朋友打架、不听老师的话等时，父母在了解情况后，应通过良好的态度和和缓的语言与孩子进行沟通，并对其进行适当的批评教育。这样，孩子不仅能够认识到自己的错误，还能学会如何正确处理人际关系和遵守规则。

在处理孩子在外面出现的不良行为时，即使父母没有亲眼见到，也应与孩子进行充分的沟通，全面了解事情的具体情况后再给出合理、恰当的处理。如果发现孩子有不当之处，那么父母应给予适当的批评教育，并提出自己的意见和建议。在这一过程中，父母应避免不问缘由地批评、训斥，甚至打骂孩子。这样的处理方式容易引发孩子的不良情绪，进而影响他们处理问题的能力。

此外，一味地针对某一件事情对孩子进行说教，无论是使用强势的语言还是温柔、和缓的语言，都可能削弱教育的良好效果。这种持续的说教往往会导致孩子产生不良情绪，甚至可能削弱他们处理事情的能力。

当然，父母不应因为某一件事情而包庇或过度保护孩子。过度站在孩子一边或袒护孩子的行为，可能会让孩子对相关的人、事、物产生排斥或敌意情绪和心理。这种情况容易导致孩子在某些事情中表现出所谓的"特别坏"的行为。

父母在教育孩子时，如果脱离实际，仅根据自己的感觉和想法对孩子进行教育，那么效果和意义都不大。例如，事情没有发生，父母却教

育孩子要在公共场所遵守秩序、不能大声喧哗、不能打架，在学校要遵守纪律、听老师的话，平时要讲卫生、不浪费食物等。无论父母使用何种语言或语气，孩子都很难真心接受并付诸实践。当孩子在未来的某些时候遇到类似的情况时，他们也很难表现出良好的行为。

父母在教育孩子时，如果经常口头强调一些抽象的概念，如尊敬长辈、做事认真、诚实守信等，而没有结合实际情境进行具体指导，那么往往会导致孩子产生不良情绪，并失去自然、恰当地与长辈沟通、处理事情的能力。例如，父母频繁地告诉孩子要尊敬长辈，可能会让孩子感到羞怯、胆小，无法自然地与长辈交流。同样，父母过多地强调做事认真、严格要求自己等，也可能让孩子感到无法理解和接受，从而产生不良情绪。此外，父母有时可能会给孩子传授一些过于功利或现实的观念，如在外面不能太老实，买东西时要学会讨价还价等。这种教育方式不仅让孩子失去处理事情的能力，还可能让他们变得过于功利，忽视人际交往中的真诚和善意。

因此，父母在教育孩子时，应该结合实际情境，进行具体、恰当的引导和教育。例如，在孩子遇到的真实情境中，父母可以适时地提醒他们如何与长辈沟通，如何有效地处理事情，如何诚实守信等。这样的教育方式不仅能够帮助孩子更好地理解和接受父母的教育，还能够让他们在实践中不断成长。

当父母通过自己的实际行动来展示如何做某件事情时，往往会对孩子产生更直接和更有效的影响。这种影响可能是积极的、恰当的，也可能是消极的、不恰当的，主要取决于父母的行为是否恰当和合理。

父母根据自己的想法来教育孩子，实际上也是对孩子的一种干预行为。无论是采取强势的言行教育方式，还是温柔和缓的言行教育方式，如果这种干预没有基于孩子的实际情况和需求，就可能导致孩子产生不良情绪，并且教育效果也可能不尽如人意。

有的父母倾向于向孩子表达和描述自己的感触，特别是一些所谓的美好情感和事情。然而，这种做法可能导致孩子形成不真实的观点、情绪或感情，进而影响他们实际思考和做事的能力。当一个人的内心充满过多的不真实情绪或感情时，他们的思考和行动能力可能会受到阻碍。在学习中，这种不真实的情绪可能会干扰他们的思维，使各种智力因素无法有效地集中在当前的任务上。实际上，这也是父母在满足自我需要，以及对孩子进行一种无形的控制。

父母对孩子在具体事情和具体环境中的不当行为的约束、引导和教育，与父母在自由和独立空间中对孩子行为的约束和干涉，是两种不同的教育方式。前者是针对孩子的不当行为进行必要的纠正和引导，旨在帮助孩子理解并改正错误，促进他们的成长。后者则是在确保孩子有一定自由度和独立性的前提下，对他们的行为进行适度的约束，以保证他们的安全和健康发展。这两种方式各有其目的和重要性，父母应根据具体情况灵活运用，以达到最佳的教育效果。

父母对孩子采用良好的教育方式，有助于孩子形成良好的情绪，并培养孩子的情绪结构，这对提升孩子的智力和能力起着至关重要的作用。这种教育方式不仅能够促进孩子全面发展，还有助于建立良好的亲子关系，为孩子未来的成长奠定坚实的基础。

第三节 父母自身行为要合理、恰当且真实

父母的身教对孩子的影响是巨大的，它深刻地塑造着孩子最基本的观念、心理、认知和行为。孩子对于遵纪守法、遵守道德及避免对自己和他人造成危害行为等观念，很大程度上是受到父母的身教影响。如果父母在言行上缺乏对法律和道德的敬畏，这种影响就会使孩子在未来的生活中容易出现行为问题。

孩子的观念、心理、认知和行为在很大程度上受到父母自身行为的影响。相比之下，父母通过对孩子在具体事情中的不当行为进行引导和教育所产生的影响较小。因此，父母日常的言行举止对孩子具有更基础、更广泛的影响作用。当父母展现出合理的、恰当的行为时，他们会为孩子树立良好的榜样，从而对孩子的情绪、心理、认知和行为产生积极的影响。这种影响不仅塑造孩子处理事情的方式，还直接影响他们做事的能力。

孩子具备正确认识和接受父母合理、恰当行为的能力，甚至在幼儿期，就能对不合理的需求与合理的需求进行区分。当孩子的要求或需求受到父母的合理约束时，虽然他们可能会表现出不满或哭闹，但是他们最终会接受并恢复平静状态，这体现了他们内心的良好情绪和感情。相反，如果父母不能满足孩子的合理需求，或者剥夺了这些需求，孩子将难以接受并难以保持平静，他们的情绪状态也会受到影响。值得注意的是，家庭环境与社会环境并不完全相同，一个良好的家庭环境对于孩子的成长至关重要，它能够帮助孩子更好地适应外部环境并具备更强的应对能力。

　　父母的行为可以分为两种：① 使孩子感受到压力的行为，② 使孩子感受不到压力的行为。父母的行为和做事方式都应该是合理、恰当和真实的。父母的行为应该具备严谨性、自律性和一致性，避免过度情绪化、随意性。父母不应将孩子作为自己发泄对他人或事物情绪的对象，因为这样的行为可能对孩子的情绪产生不良影响。长期来看，这种影响可能会对孩子的智力和能力发展造成阻碍。

　　有时候，影响孩子产生不良情绪的因素并非都是父母明显的、强烈的行为，而是父母不自知的自然习惯，这些行为可能不够严谨和自律，带有随机性和随意性。父母之间的差别，如身上散发出的气质，也会对孩子的情绪和心理产生深远影响，这是塑造孩子情绪结构的重要方面。

　　父母在家中不应过度表达或强调他们对人、事、物和社会的各种观念，无论是积极的还是消极的，对的还是错的。过度强调这些观点可能导致孩子在思想上形成固化的价值观及相应的情绪，这可能会阻碍他们在未来道路上的适应能力和做事能力。相反，让孩子自己去体验、选择、适应和接受这些事物，更有助于他们形成独立能力。

　　例如，如果父母经常表达对人和事的意见和不满，批评他人的错误和不良行为，过分关注利益得失，并在这些方面表现出过度的言行，那

么无论孩子是否感受到压力，他们都可能形成不良情绪。这种情绪可能导致孩子对人、事、物产生过于强烈的是非观念，进而影响他们在某些情况下表现出自私和自我的行为。这种情况甚至可能妨碍孩子形成健全的人格，影响他们适应环境，以及处理问题和做事的能力。

此外，当父母在某些事情中站在孩子一边，表现出对人、事、物的不良、不合理或不恰当的言行时，这些情绪和行为往往会直接且强烈地影响孩子，导致他们产生相应的情绪和心理反应。这些反应可能包括强烈的自我情绪、否认情绪、排斥情绪，甚至敌意和攻击情绪。值得注意的是，孩子对父母的感受与他们对外部事物的感受是不同的。父母的言行会深入孩子的内心，形成固化的情绪或感情。

父母应该在做有意义、有价值的事情时，以合理、恰当、自然和真实的方式表达自己的喜好。例如，在学习、吃苦耐劳、追求兴趣爱好及研究问题等方面，父母的行为和态度都会对孩子产生影响。

父母的特点确实会对孩子产生深远的影响。例如，如果父母不善于言辞，那么孩子可能更容易形成内向的性格。如果父母经常过分表达他们的喜好和特点，那么孩子也可能会形成相应的强烈情绪和个性特点。例如，如果父母特别喜欢表达各种感受和情绪，那么孩子可能会形成外向的性格。如果父母经常表现出强势的言辞，那么孩子往往容易形成激烈、强势的性格，甚至可能具有不良的脾气特点。特别是当父母表现出绝对性和强势性的行为特点时，孩子更容易形成排斥和攻击性的性格特点。此外，父母的性格过于弱势，缺乏自信和处理事务的能力，或者存在人格问题，这些都可能对孩子的情绪和行为产生长期影响。

孩子的性格形成是一个复杂的过程，受到父母多种特点和行为的影响，而非单一因素的影响。父母的言行举止、情绪表达、教育方式等都会对孩子的性格塑造产生深远影响。

第四节　父母管教孩子应是合理且恰当的

在孩子处于幼儿期或儿童期时，他们尚未形成固定的、顽固的情绪，因此这时进行约束和纠正是相对容易的。孩子可能会因为约束和纠正而表现出哭闹和反抗，但父母仍然需要进行一定的制约，以确保孩子的行为得到规范。大多数情况下，孩子会很快适应这种制约，并学会控制自己的行为。例如，当孩子要求购买过多的玩具和零食、打人、浪费食物、不讲卫生、不愿意写作业或表现出与父母对抗等过分不当的行为时，父母需要及时进行干预和引导，以帮助孩子纠正这些不良习惯，并培养他们良好的行为习惯。

当孩子表现出不恰当、过度或肆意的行为时，无论是偶尔出现，还是由身上存在不良习惯所导致，父母在约束和制约时都需要把握度和方法。父母应避免采用简单、武断、情绪化的管教方式，如斥责和打骂等。相反，父母应该以一种既体现爱又坚持原则的方式来引导孩子。父母的言行应该温柔、和缓，同时又不放弃原则。通过这种方式，孩子不仅能感受到父母的关爱，还能明白行为的界限和后果。

无论孩子的不良行为是偶尔出现，还是由固定不良情绪导致的，只要这些行为给自己或他人造成危害，或者属于其他较严重的情况，父母就应该及时制止。在制止时，父母的言行应该是合理且恰当的，既要体现严肃性，又要充满爱和温柔。从幼儿期开始，孩子的情绪和行为就已经开始受到父母的行为和特点的影响。如果在这一阶段孩子得到的关爱不足，就可能导致孩子形成不良情绪或不当行为。这些情绪和行为问题如果长时间得不到解决，就会逐渐演变为更严重的不良行为，如哭闹、过度依赖父母、胆小怕事、任性妄为等。因此，无论孩子年龄大小，父母的行为对他们的影响都是至关重要的。

在儿童期，尤其是男孩，他们好动、好奇、好玩耍，这些都是天性的正常表现。蹦跳、玩手机、玩游戏、看电视，以及他们感兴趣的其他事情，只要这些行为不涉及危险且不过度，就是孩子天性的正常表现，是合理的。这些活动有助于促进孩子的身心健康，以及良好情绪的形成。

孩子喜欢看电视、玩手机或玩游戏，如果这种喜好没有发展到沉迷或完全失控的程度，那么通常是可以接受的。重要的是，孩子必须能够完成或基本完成包括学习在内的重要任务。如果他们有时需要父母的提醒或督促才能做到，那么也是可以接受的。然而，如果孩子为了尽快玩手机而敷衍学习，这种行为是不恰当的，父母需要给予一定的关注、提醒，甚至批评。此外，当孩子开始上学后，父母也需要控制自己看电视的时间和频率，因为父母过多地看电视可能会对学习期的孩子产生不良影响。

要判断一个孩子是否有网瘾或其他问题，关键在于观察他们是否完全沉迷于不良行为中无法自拔，以及是否受到某种情绪的过度控制，从而影响日常生活和学习。如果孩子具备自我控制能力，能够认真完成或基本完成作业，并处理其他日常任务，那么通常不能简单地将其定义为有网瘾或其他严重问题。这种情况可能是孩子在学习能力或做事能力上的差异。即使是不爱玩手机、玩游戏的孩子，也可能存在学习能力上的差异。因此，父母不应过度担心或采取不当的管教方式，这可能会真正影响孩子的行为和自我控制能力。过度干预可能导致孩子失去独立学习和做事的能力。

父母对孩子学习方面的约束，不能过度或不恰当。过度和不适当的管束可能阻碍孩子的自由发展和自我探索。同时，父母对孩子的过分担心和过高的期望，如果伴随着情绪化和不理性的行为，那么可能会给孩子带来巨大的压力，影响其正常成长。这种急切和过度的期望往往源于父母的焦虑和不安全感，而非真正理性的思考。父母应该明白，培养孩子的智力和能力是一个长期而渐进的过程，不能急于求成。过多的管教和干预可能会适得其反，让孩子失去自信和学习的动力。

要判断孩子的行为是否有问题，标准在于其行为是否过分或过度。如果孩子的行为在合理范围内，那么这是孩子身心健康发展的需要。例如，青春期早恋现象并不一定是问题，它有其合理性。重要的是，父母要关注孩子是否有过度或完全失控的行为。这类行为可能会对孩子的成长产生不良影响，因此父母应该给予他们关注和引导。在处理孩子的行为问题时，父母需要保持理性和耐心，理解孩子的成长过程，并提供适当的支持和指导。

儿童期的孩子已经具备了一定的自我控制能力，但当他们面临比较强烈或固化的不良情绪时，可能会出现过度行为或失去自我控制，从而引发不良后果。这些强烈的不良情绪往往是受到父母的影响而形成的，而非孩子自身的问题。因此，父母在孩子的成长过程中扮演着至关重要的角色，他们的言行举止都会对孩子的情绪和行为产生深远的影响。为了培养孩子的健康情绪和自我控制能力，父母需要关注孩子的情绪状态，及时给予关爱和引导，避免过度干涉或放任不管。同时，父母也要反思自己的行为，尽量避免给孩子带来不良的情绪影响。

如果孩子身上没有出现严重的、固化的不良情绪，那么父母对孩子的教育和制约行为应当是适度的。过多的干涉和约束可能会激发或强化孩子的不良情绪，产生适得其反的效果。

有些孩子严重抗拒写作业，表现出磨蹭、拖拉的行为，甚至经常无法完成作业，这让父母感到非常焦虑。这种情况通常是由于孩子已经形成了固化的不良情绪，他们对学习缺乏兴趣和动力。在这种情况下，父母仅仅通过督促、批评、教育，甚至发火和吼叫，是无法解决问题的，因此父母需要改变自己的不良情绪和言行方式。他们应该给予孩子更多的自由和宽松空间，避免过度干涉和急切的心态。父母的言行应该和缓，并充满爱和温暖，慢慢改变孩子身上的不良情绪。当孩子展现出一点进步时，父母要及时给予恰当的表扬和鼓励。通过父母合理的行为和良好的态度，孩子对学习的态度会逐渐转变，形成放松而又积极的状态，从而发挥出自己的智力。通过这种方式，孩子在学习上就会有很大的改变，甚至有可能实现逆袭。

一旦一个人在某件事情上形成了稳定的良好情绪，他就具备了做好这件事的能力。对于孩子来说，如果他们注意力不在学习上，过于贪玩，不积极完成作业，那么在这种情况下，父母采取严厉一些的管教方式也是合理、恰当和必要的。

写作业通常是孩子独立完成的任务，需要他们在自己的空间内独立完成作业。父母的角色应当是提供合理且恰当的关注、关心、督促、提醒、表扬、奖励及必要的辅助。特别是在孩子刚上学的时候，当他们遇到写作业的困难时，父母需要提供更多的帮助。这包括为孩子提供指导，与他们共同研究和探讨问题，协助他们克服困难并取得进步。但父母的提供的指导应当是辅助性的，主要目的仍然是培养孩子的独立性和自主学习能力。

孩子在各阶段的成长过程中，特别是幼儿期和儿童期，如果没有受到父母合理、恰当的约束，那么他们的某些需要和行为可能会无限度地不当发展下去。这种不当行为如果长时间持续，那么可能会形成习惯，并随着年龄的增长而变得更加明显，最终可能影响孩子的成长。因此，父母在孩子的成长过程中需要恰当、合理地约束、引导和教育他们，特别是针对孩子出现的具体问题。这样的教育和引导应当具体、明确，并与孩子的实际情况和需要相匹配，以促进他们的健康成长和良好行为习惯的养成。

孩子应该以独立学习为主，而父母则应扮演辅助性的角色。如果父母过度参与和管教孩子的学习，那么可能会导致孩子产生不良情绪，从而影响他们的学习效果，甚至可能让孩子对学习产生厌烦、厌倦或排斥的情绪。这种情况通常表明父母在某种程度上出现了问题。

孩子是否参加课外补习班或特长班，不能仅仅由父母的意愿来决定，而应该充分尊重孩子的意愿，或者与孩子进行良好的沟通。即使孩子学习了一段时间后表示不愿意继续，父母也应该尊重孩子的选择，或者通过与孩子的沟通来提出自己的意见和建议。父母不能仅凭个人意志强迫孩子作出决定。当然，如果孩子在某方面展现出潜力或天赋，或者某方面的学习对孩子具有特别的价值，即使孩子可能会因为需要付出努力而产生抵触情绪，父母坚持要求孩子去做也是合理的。然而，过度的压力或要求可能会适得其反，影响孩子的积极性和兴趣。

　　不同的家庭贫富条件各异，但无论是贫穷还是富裕，父母教育孩子时都应遵循相同的规律。唯一的区别是父母为孩子提供的物质条件不同。然而，提供物质条件的合理性和恰当性取决于父母的实际物质条件。这些条件应与父母的能力和所拥有的资源相适应。过度给予和过度欠缺都不是理想的选择。父母条件有限却过度满足孩子的需求，或者父母拥有优越的物质条件却对孩子过于苛刻，都可能导致孩子产生不良情绪。因此，父母对孩子的管教应当是合理和恰当的，以培养孩子良好的智力和能力。

第十二章

婴幼儿期，孩子智力 与能力的培养

第一节　婴幼儿期，孩子需要自由、独立的空间

在婴幼儿期，由于孩子能力有限，他们对父母的依赖性较大，因此需要父母提供亲密的照顾和陪伴，并给予他们充分的爱。这种照顾方式有其合理之处，但也可能导致孩子产生无限的需求欲望，从而容易形成自私的性格，这不利于良好情感的培养。因此，父母在照顾婴幼儿期的孩子时，需要给予他们适当的自由和独立空间，以促进其自主性和独立性的发展。

婴儿期的孩子需要自由和独立的空间来探索周围的世界，以及训练自己的肢体和动作，如坐、卧、爬、行、抓、握和吃等。这不仅有助于他们感知自己的身体，还能促进他们对周围事物的认知发展。随着孩子逐渐进入幼儿期，父母应避免过度的亲昵和嬉戏行为，减少随机、随意的行为。父母在与幼儿期的孩子相处时，需要建立一定的界限，保持适度的距离，这并不是冷漠对待孩子，而是为了更好地培养他们的独立性和自主性。

幼儿期的孩子已经有了一定的行为能力，因此父母不应限制他们的行动。在安全且人少的地方，父母可以适当地领着孩子进行活动。这样做的目的是纠正孩子以自我为中心的行为，同时培养他们的独立行动能力。从幼儿期开始，孩子就需要有自己的活动和玩耍空间，以锻炼自理能力。只要环境安全且孩子没有求助，父母就可以在一旁陪伴，而不是过度约束、干涉孩子的行为。此外，幼儿期的孩子存在撕纸、砸东西、扔东西、翻找物品及打人等行为都是正常的，这些行为反映了他们的好奇心和探索欲望。因此，父母对孩子的过度约束和控制行为是不利于孩

子发展的。值得注意的是，即使是婴儿期，孩子也需要一定的自由和独立空间来成长和发展。

孩子需要与父母一起玩耍和交流的时间与空间，这是孩子合理成长的需要。例如，父母与婴儿期的孩子进行简单的对话和嬉戏，与幼儿期的孩子一起参与各种活动和游戏，如看书、玩游戏等。这些互动不仅对孩子的身心健康至关重要，还有助于他们形成良好的情绪和社交技能。

在国外，有些父母无论孩子年龄大小，都与他们维持一种非常平等的关系。他们与孩子平等地进行交流，尊重孩子的意见，甚至让孩子直呼自己的名字。然而，这种完全平等的方式并不一定是最理想的。因为孩子在未成年期，尤其是年龄较小时，他们的能力较弱，依赖父母提供精神和物质上的支持，无法完全独立。因此，父母与孩子之间存在一定的不平等性。父母通常承担家庭的主要责任，主导重要的家庭事务。父母与孩子完全平等并不总是合适和恰当的，可能不利于孩子的成长。在某些情况下，父母应该尊重孩子，给予他们自由和独立的空间。然而，赋予孩子过多的决策权可能会超出他们的承受能力，导致他们无法正确把握，从而对他们的成长产生不利影响。另一种平等是指父母假装和孩子是同龄的伙伴，以平等的方式进行交谈、娱乐和游戏。然而，这种平

等只是暂时的，不可能在家庭中永久维持。

对于婴幼儿期的孩子，户外活动和游玩是非常重要的，不可或缺。通过触摸、观看和倾听等方式，孩子们可以感知和了解周围的事物和世界，这有助于促进他们的身心和大脑的发育。然而，这些活动应该是恰当和合适的，不能过度。在任何环境中，父母与婴幼儿期的孩子一起外出的时间都不应过长。同样，在家中，孩子也不应该长时间处于单一的状态。为了促进孩子的全面发展，婴幼儿期的孩子需要接触合适的外部环境。

在婴幼儿期，培养孩子的自由与独立行为是非常重要的。然而，这并不意味着父母应该强迫孩子去做他们能力达不到或不安全的事情。相反，父母应该根据孩子的能力和意愿来合理安排他们的活动。例如，幼儿期的孩子虽然缺乏一些能力，但是他们愿意自己穿衣服、吃饭等，父母应该允许他们尝试和探索，这对于他们的成长是非常有意义的。同样，在儿童期，孩子学着做饭，修理一些东西，做一些家务活等也是有益的。父母不应该因为嫌麻烦、不卫生或怕孩子做不好而代替他们完成这些任务。相反，父母应该给予孩子适当的指导和支持，让他们自己去尝试、去探索。这样，孩子不仅能够发展自己的独立能力和自理能力，还能够培养自信心和责任感。

当幼儿期的孩子在独立探索的过程中发生小意外，比如走路时不

小心磕到，但没有受伤，父母应该用和缓的语气鼓励孩子自己站起来。当孩子成功站起来后，父母应给予表扬，如"真棒"等。同样，如果孩子不小心碰到桌子等物品而哭泣，那么父母应抱着孩子，用同样的语气安慰他们，告诉他们这只是个小意外，如"没事的""下一次小心点""注意点就碰不到了"。

婴幼儿期，孩子需要自由与独立的空间，以促进他们的自主发展、探索和成长。这种空间不仅有助于培养孩子的独立性和自信心，还能让他们学会面对挫折和解决问题。因此，父母在照顾孩子时，应给予他们适当的自由度和独立性，同时确保他们的安全和健康。

第二节　婴幼儿期，父母行为要合理且恰当

在婴幼儿期，父母与孩子之间进行对话是非常有益的，也是必要的。然而，父母与孩子之间的说话内容、方式、语气应避免过于随机、随意和情绪化。此外，频繁的对话并不总是有益的，可能会使孩子形成不良或不当的情绪状态。特别是在幼儿期，父母与孩子的言行互动及其他行为应更加合理且恰当。父母的言行，若是良好、合理、恰当、自然且真实，将极大地促进孩子的智力发展。相反，如果是虚假、不一致、不恰当、过度或不合理的言行，就可能阻碍孩子良好情绪的形成，进而影响其智力和能力的发展。在积极的情绪中，孩子通过与外部事物和环境的接触与感知，以及参与各类游戏活动，可以更好地发展智力与能力。若孩子情绪不佳，其智力和能力的发展可能受阻，即使通过外部刺激如接触新事物、参与活动等来促进智力发展，效果也可能不尽如人意。

与婴幼儿期的孩子进行频繁且轻松愉快的语言互动，能够促进孩子

的语言表达能力。这样的互动使孩子对某种语言表达产生浓厚的兴趣，使他们处于积极和放松的状态。除非这种能力和天赋对孩子未来的人生道路具有显著价值，否则这种强化的情绪可能不利于孩子其他能力的发展，甚至可能影响他们适应某些环境和完成任务的能力。此外，父母基于个人喜好和特点去刻意锻炼和发展孩子的某些能力并不一定恰当且合理。例如，父母过早地让孩子表现得非常懂事、强调某些技能的培养等，这些可能不适合所有孩子。同样，父母让孩子在上学前提前学习也不一定是最优选择，除非孩子属于超常儿童，有跳级的需求。

在孩子未成年前，特别是在婴幼儿期，父母使用手机的行为应该避免过于随意和娱乐化，以免对孩子产生不良影响。在没有必要的情况下，父母应尽量减少在孩子面前使用手机，而是多阅读书籍。父母应该培养阅读的习惯，即使没有个人需求或习惯，也应为了孩子阅读或陪伴孩子阅读，并展示书籍，表现出对学习的兴趣和热爱。

对于懂事后的孩子，父母的表扬应当合理且恰当，避免过度，以免在孩子身上引发不必要的情绪反应。在给予孩子物质奖励时，父母通常应选择与孩子所做的事情直接相关的物品作为奖励。这样的做法旨在培养孩子良好的情感和价值观，使他们了解努力和成就的关系，并珍惜所获得的奖励。

一些父母在与孩子的互动中表现出随机、随意的行为特点，例如大声喊叫、言语琐碎、过多议论他人是非、情绪波动大，甚至随意对待孩子。这些行为体现了对孩子的不尊重。例如，父母对孩子说"你看看你那样子""你会不会走路"等，或者在不适当的时候打骂孩子。这些行为都可能导致孩子形成不良情绪。

此外，有些父母过于强调对错、好坏，并频繁地向孩子表达自己的观点和看法，或者将孩子与其他孩子进行比较。长此以往，这些行为会在孩子心中形成复杂的情绪，对他们的心理、认知和行为产生不良影响，阻碍良好情绪的形成。为了培养孩子的积极情绪和良好心态，父母应该更加审慎和尊重孩子，避免上述不良行为。

在婴幼儿期，孩子的大脑发育处于迅速且基础的发展阶段，因此父母的行为在这个阶段尤为重要。常言道："三岁看大，七岁看老。"这句话确实有道理，它强调了父母良好行为的重要性，因为这些行为将对孩子的未来发展产生深远的影响。

在有多个孩子的家庭中，父母原则上应平等地对待每个孩子。唯一的区别在于孩子因年龄不同而具有的不同的能力，因此父母应有所区别。特别是当年龄相差较大时，年龄大的孩子谦让着和照顾年龄小的孩子是合理的。有时，当弟弟或妹妹刚出生时，年龄大的孩子可能会感到不适应，甚至表现出对他们的排斥或攻击行为。在这种情况下，父母需要采取恰当的引导和教育。通常，通过温和而明确的语言指导，孩子们会很快学会如何和弟弟或妹妹友好相处。

年龄大的孩子不知道谦让或照顾年龄小的孩子，反而过度戏弄或欺负年龄小的孩子，对年龄小的孩子态度冷淡，或者年龄小的孩子不尊重年龄大的孩子，这些都可能是由父母平时对待孩子不公平导致的。特别值得注意的是，有些家庭存在重男轻女的观念，对待女孩不公平，长此以往可能会对女孩的心灵造成创伤。因此，父母需要反思并改变自己的行为和态度，确保公平对待每个孩子，以促进他们之间和谐和健康的发展。

第十三章

父母其他行为对孩子的影响

第一节　多愁善感型父母对孩子的影响

有些父母多愁善感或感情丰富，如果他们经常对孩子流露这样的情绪，那么孩子可能会变得情绪化，思维和行为也可能变得幼稚。这会阻碍孩子的智力和能力发展，特别是他们的认知能力和适应外部环境的能力。这还可能导致孩子产生与现实不符的行为，如回避现实或生活在自己的想象中。这种过度情绪化容易使人在细微事情上反应过度，与现实发生不必要的冲突。

做父母是一种修行。父母不应将孩子视为满足自己虚荣和面子等需要的工具，而是应该全心全意地接纳和包容孩子。只要孩子健康、快乐，就足够了。

无论父母和孩子的年龄如何，父母对孩子的心理影响都是不可忽视的。当父母针对孩子的行为作出改善或改变时，无论何时都会对孩子的身心产生积极的影响。因此，父母在任何时候改变自己的行为都是非常有意义的。

在家庭中，只要父母之间的矛盾不是特别严重，并且不牵涉孩子，孩子一般不会感受到明显的压力。因此，这不会对孩子造成太大的不良影响。

父母应避免将负面的社会经历告诉孩子，更不应频繁或过度地表述这些负面事情。这样做不仅片面，还会对孩子的成长、情感形成和环境适应能力产生不良影响。孩子最好是通过自己的接触和体验来理解和适应社会现象和人际现象。

人的需要是多方面的、多层次的，而不是单纯的、单一的。当一个人无论是物质还是精神的需要都较大程度受到制约和得不到满足时，这会对人的身心健康造成负面影响，尤其是孩子。然而，当一个人在成长过程中的某些需要和行为发展出现不平衡或偏差时，比如有的孩子在学习上表现优秀且兴趣浓厚，但由于父母的控制或其他因素，他们在其他方面的需求和行为却得不到充分的发展。随着外部环境的变化，他们在学习上失去了优势，这时他们可能会遇到情绪上的问题，甚至产生生命无意义、无价值的感受。如果这种情绪和心理状态长期持续下去，就容易导致行为问题的出现。

无论孩子拥有何种天赋，他们的成长和生活模式都不应过于单一。孩子从小就需要有自由与独立的空间，让他们有机会接触不同的事物和环境。这样的经历对他们的全面发展至关重要。

第二节　特殊家庭的父母对孩子的影响

在一些特殊家庭中，父母虽然对人、事、物常常持有不良的态度或行为，但是对家人和孩子表现出较好的态度和行为。他们往往不太注重面子、精神和心理方面的需求，但为家人和孩子创造了较大的自由、宽松的空间，这非常有利于家人和孩子的身心健康。

在一些特殊家庭中，无论在家还是在外面，父母都非常注重自己的面子，因此他们在外能够接受环境的约束和制约，注意与他人的关系。然而，在不受制约的家庭环境中，他们却常常对家人和孩子表现出不良的态度和行为。这些父母对孩子的行为特别敏感，并容易产生不满。他们的不良态度和行为主要是由精神、心理方面的需求所导致的。与粗暴型的父母相比，这种父母对孩子造成的危害会更大，因为他们在精神上对家人和孩子进行制约、压制和打压，使孩子在家中缺乏自由、独立和宽松的空间。

在家庭中，由于女孩的性格通常较为柔和，她们通常能够更好地适应父母的某些行为和要求，也更能承受一些压力。相比之下，女孩受到父母的影响相对较小。而男孩由于更加活泼和好动，他们对某些事物或活动的需求可能更为强烈。同时，男孩对父母的行为感受可能更敏感，反应也更强烈，因此他们可能更容易受到父母行为的影响。

在家庭中，无论男孩还是女孩，都会受到父亲和母亲的影响。如果母亲比父亲强势，那么男孩可能会表现出一些弱势的特点。相反，如果父亲比母亲强势，那么男孩性格中可能会表现出更多的强势特点，并且男孩可能会更大程度地受到父亲男性化特质或行为方式的影响。在一些家庭中，男孩与父亲在一起的互动机会较多，因此他们可能更多地受到父亲的影响，性格可能更加男性化。而女孩与母亲在一起的互动机会较多，因此她们可能更多地受到母亲的影响，性格可能更加女性化。

性格和人格的缺陷往往与父母的特点有关。当父母的需求、感受和行为过于强烈或细微，以及他们的认知过于简单或肤浅时，这些都可能表现为情绪和心理上的不成熟，类似于儿童的特点。此外，若父母存在其他性格缺陷，他们的行为将不可避免地通过各种事情和形式来展现出来，从而对孩子产生影响，导致孩子形成人格上的缺陷。人格缺陷或称

为人格不健全，通常是由人的需求、情绪的极端化及认知上的缺陷造成的，这也可能源于个体无法适应环境。

此外，单亲妈妈抚养男孩时，男孩容易表现出一些女性化的特点，这种影响在孩子的幼儿时期尤为显著。然而，单亲妈妈对男孩性格的不良影响并非源于女性的身份，而在于有些单亲妈妈倾向于通过过度细微的控制来约束孩子，从而产生不良影响。这种情况下，孩子就容易形成问题性格。

第十四章

案例分析

孩子厌学或不上学

孩子厌学或不上学通常可以归纳为以下3种情况。

一、孩子学习不好

由于学业成绩不理想，以及其他一些不好的相关体验，导致孩子产生了非常强烈的负面情绪。例如，孩子本身就面临学习困难，再加上老师经常批评，这些都会加剧他们的不良情绪。当这种情绪达到无法忍受的程度时，孩子可能会选择回避或逃避上学，进而形成厌学或不上学的现象。对于这种情况，父母需要接纳孩子的情绪，并以积极的态度和言行来对待孩子，逐步帮助他们改变对学习的负面情绪。

二、不良的人际关系

孩子在学习上的表现可能并不差，但主要的问题源于与老师或同学的不良关系。这类孩子往往自尊心过强，他们对同学的行为和老师的批评极为敏感，容易因此产生强烈的负面情绪且难以消解。这种情况下，他们可能会与同学或老师形成对立关系。当同学感觉到他们的不友好态度时，也会以相应的态度和行为回应，这进一步加剧了他们的不满。然而，他们又没有足够的能力去改变这种局面，最终使得自己的情绪越来越糟糕。当这种负面情绪累积到一定程度时，孩子可能会陷入较深的抑郁状态，并选择逃避上学。

孩子之所以缺乏良好的人际关系适应能力，根本原因在于他们身上形成了较强的不良情绪结构，而这在很大程度上是受到父母的影响。要改变这种状况，唯一的方法是父母调整自己一些过于极端的价值观，以及相应管控孩子的行为。例如，父母需要摒弃过分爱面子的心理、过分追求优越感的心理，以及由此产生的对孩子过度管控的行为，包括对孩子过高期望的言行等。通过自我改变，父母可以逐渐改善孩子身上的不良情绪，培养孩子形成健康的情绪结构。

三、孩子难以适应校规

孩子难以接受学校某些严格规定，例如早起跑步、做操等。在寒冷的冬天，这对于需要更多睡眠、容易赖床的孩子来说更为困难。有的孩子对此无法适应和接受，这通常是因为他们身上已经形成了较为固化的不良情绪。对于不喜欢或觉得累和苦的事情，他们的感受特别强烈。例如，强烈的烦躁、浮躁、急躁等情绪容易导致孩子对某些事物表现出强烈的不适应，甚至拒绝接受，从而缺乏良好的适应能力。为了改善这种情况，孩子需要努力调整自己的情绪结构，而父母也需要改变自己的某些行为和特点。

需要注意的是，当孩子与老师发生矛盾时，父母应妥善看待和处理这一矛盾，避免狭隘和偏激的态度。父母既要友好对待老师，又要公正对待孩子。对老师，父母应多表达感谢，肯定老师的辛苦付出；对孩子，则要保持平等、良好的沟通，倾听他们对老师的看法和意见，并在有道理时给予支持。同时，父母也要教导孩子，作为在校学生，他们需要与老师保持良好的关系，这是日常学习生活的必要部分，因此应尽量避免与老师产生重大矛盾。

人的抑郁情绪和抑郁症是怎样产生的？

我们的抑郁情绪可能由许多对自己不利的事情引发，只要不是很严重，这都是正常的情绪反应。而人患上抑郁症，主要有以下4个方面的原因。

（1）当人体由生理因素造成情绪化学物质失衡时，这可能导致个体无法产生高兴的情绪。

（2）由多种因素产生的压力情绪，如自尊心受到强烈影响或侵犯、生活或工作中的重大变化，以及强烈的道德感与自身不当行为之间的矛盾，这些压力可能影响生理上产生高兴情绪所需的化学物质，从而导致个体难以感到高兴。

（3）过度的悲伤和悲痛情绪可能引发抑郁症。

（4）突然遭遇严重打击也可能导致个体陷入抑郁症的状态。

对于大多数人来说，抑郁症主要是由压力引起的。而这种由压力

导致的抑郁症，往往是因为自身的不良情绪结构使得他们对某些环境、事情或他人的行为感受特别强烈，无法适应和接受，从而形成压力。例如，面对一些自然环境如恶劣的天气、荒凉的景象等，他们可能会产生强烈的压抑感。再比如，由于过强的自尊心和爱面子的需求，孩子与同学或老师的关系可能变得异常敏感，他们对同学和老师的一些行为会有强烈的感受。这很容易引发他们的不满和不快，进而与同学或老师发生矛盾、摩擦和冲突。当与同学或老师产生矛盾且又感觉自己无力战胜他们时，孩子就会产生较大的压力和抑郁情绪。如果这种情绪持续时间过长，就有可能发展为抑郁症。

孩子的抑郁症大多源于被过度强化的、过于固定和强烈的观念，或是过强的自尊心和面子需求。这些因素在孩子身上形成了相应的固化情绪，导致他们难以适应和接受环境，从而引发抑郁症。

抑郁症对人的工作、生活和学习都会造成严重的影响，甚至对生命构成威胁。除了完全由生理原因引起的抑郁症之外，缓解抑郁症的一种有效方法是消除外部的不良因素，如改变环境。对于孩子来说，这可能包括调换班级、寝室或学校。此外，无论何种原因引起的抑郁症，药物治疗都是缓解症状的重要手段。然而，要根治抑郁症，仅仅依靠消除外部因素和药物治疗是不够的，根本的治疗方法在于改变自身的不良情绪结构。对于孩子来说，最重要的改变来自父母的自我改变。同时，心理疏导和自我认知也是消除和治疗抑郁情绪和抑郁症的有效途径。

人的焦虑症及强迫症是怎样产生的？

人的焦虑情绪往往源于内心过于强烈或固化的需求，这些需求也可以视为过强的执念。例如，对面子的过分追求、对名利的过度渴望、患得患失的紧张心理、对一切事物都要求优越和完美的倾向，以及对优异学习成绩的强烈渴望等。当这些强烈的需求引发的情绪深植于人的潜意识中，它们就容易在某些特定的时间或环境中被触发。例如，独处的时候，人容易产生孤独情绪。当这种情绪达到严重的程度时，就可能演变为焦虑症。因此，在家庭教育中，应避免在孩子身上培养过于强烈的需求或执念。

人的强迫症行为也源于类似的情境，即内心某些执念过强。但强迫症主要是由一些过于强烈的观念引发的。当这些观念伴随的强烈情绪在个体身上固化后，便可能产生强迫症行为。例如，一些人对秩序、标准、要求等方面有过于严苛的追求。

人容易患上焦虑症和强迫症的根本原因，往往可以追溯到其成长的家庭环境及父母的影响。要根治焦虑症和强迫症，关键在于消除个体内心过于强烈的需求和执念，以及由此形成的情绪障碍。对于孩子来说，要帮助他们消除身上的焦虑情绪和强迫行为，父母先要改变自己的某些价值观、行为特点，以及对待孩子的态度和言行方式。

心理问题与精神问题的区别

　　心理问题表现为个体在高水平行为上的局限性，虽然基本行为能力并未受损，但是仍可能影响工作和学习能力。这些问题并不是异常的。而精神问题则更为严重，它涉及个体在不同程度上失去对行为的自我控制能力，表现出明显的行为异常。实际上，精神问题通常源于极为严重的情绪困扰。除了遗传因素，这类问题往往与个体从小形成的情绪结构密切相关。当某些外部因素触发时，这些潜在的情绪和结构问题便会显现，表现为严重的情绪障碍，进而导致精神问题。然而，在探讨精神问题的成因时，人们往往忽视了家庭生长环境这一重要因素。

孩子胆小、自卑、怕生人

这种现象主要是由孩子的敏感造成的，而孩子的敏感则主要受到父母的影响。这种影响可能源于父母自身的特点或特殊情况。例如，一些家庭极度贫困，父母可能因此变得敏感和自卑，对人际关系处理得谨慎。这种情绪状态会通过各种行为表现出来，进而对孩子产生影响，使孩子容易形成胆小、自卑、怕生的性格特点。

此外，如果父母特别爱面子，并且这种追求超出了他们的实际条件和能力范围，他们就会对人际关系变得敏感，对他人的事情产生强烈的感受和反应。为了平衡自己的不良心理，他们可能会通过制约和控制孩子来达到目的。孩子会感受到父母的这种情绪，产生强烈的反应，从而变得胆小和敏感。当然，孩子的胆小、敏感和自卑有时也可能与父母天生的性格特点有关。

不合理的需要被拒绝后，孩子哭闹

这种现象分为两种情况：① 孩子首次出现这种情况；② 孩子经常出现这种情况。如果经常出现，那么通常是由父母平时对孩子娇惯、迁就和纵容引起的，这使得孩子形成了过分的自我意识。对于这种情况，父母需要认识到自己行为的不恰当性和不合理性，并努力调整，以帮助孩子形成合理且恰当的情感和心理状态。只要父母能够作出改变，孩子就会逐渐调整自己的行为。在幼儿期，培养孩子良好的情感尤为重要，因为随着孩子的成长，他们的行为可能变得更加难以控制，与父母的对抗可能更加激烈，甚至出现攻击父母的情况。

对于首次出现此类情况的孩子，如果他们的要求过分或不合理，父母应该耐心地向孩子解释并拒绝他们的要求。同时，父母要保持温和的态度和良好的行为，这样孩子通常会逐渐平静下来。一般来说，只要处理得当，这样的情况就不会再次发生。

孩子爱撒谎

有些孩子会对父母撒谎，而有些孩子则会在社交场合中不诚实。孩子在出生时就像是一张白纸，他们的行为除了本能驱动外，大多是通过模仿和观察逐渐习得的。撒谎这一行为，往往也是在家庭环境或其他社会因素的潜移默化中，孩子有意无意地习得的。孩子一旦发现撒谎可以为他们带来某种好处，他们就可能会形成这种以自我为中心的思维和行为模式，进而养成撒谎的恶习。这种不诚实的行为会导致孩子情绪上的固化，对他们的健康成长产生严重的负面影响。

因此，作为父母，我们在日常生活中的言行举止不能太过随意、任性，而应该注重合理性、恰当性和严谨性。我们要以身作则，为孩子树立诚实守信的榜样，并通过我们的行为来引导他们形成正确的价值观和道德观。只有这样，我们才能帮助孩子塑造一个健康、积极和诚实的人格，为他们的未来奠定坚实的基础。

孩子对爸爸妈妈发脾气

在面对孩子的情绪表达时，我们通常会遇到以下两种情况。

（1）当孩子的需求无法得到满足时，他们可能会选择通过哭喊的方式来宣泄自己的不满。

（2）孩子可能会选择以更为成熟的方式，即向父母清晰地表达自己的不满情绪及其背后的原因。对于后者，这种表达方式的形成往往受到父母的影响。尤其是年龄较小的孩子，他们的口头表达能力在很大程度上取决于父母的沟通技巧。

因此，在处理孩子因需求未得到满足而发脾气的问题时，我们先要判断孩子的需求是否合理。对于那些合理且在我们能力范围内的需求，我们应该尽力予以满足，以体现对孩子的关爱和支持。然而，对于那些不合理或超出我们能力范围的需求，我们需要以恰当的方式予以拒绝，并向孩子解释我们的决定。在这个过程中，引导孩子理解并接受我们的决定是至关重要的，这不仅有助于缓解孩子的情绪，还能促进他们的理解能力和情感发展。

孩子的自我意识和攻击行为

当受到其他小朋友的骚扰时，有些孩子可能会以激烈的攻击行为作为回应。虽然基因或许在某种程度上会对这种反应有所影响，但是真正塑造孩子行为的，往往是后天环境中父母的教育方式。孩子身上那些看似与生俱来的不良行为，实际上是他们在生活中逐渐习得的。特别是当孩子遭遇困境时，如果父母总是无底线地袒护他们，并且态度和行为都显得有失偏颇，那么很容易让孩子形成自私自利的性格。这样的性格特点会导致他们对待他人时可能表现出冷漠、敌意，甚至攻击性的行为。此外，父母所持的不当价值观，以及他们对外人展现的强硬姿态，都会在无形中给孩子带来负面的示范和引导。

家庭关系紧张导致孩子产生自杀倾向

孩子的自杀倾向往往源于父母对孩子态度的显著变化。在孩子成长的过程中，父母通常会维持一种相对稳定的态度和行为模式，这有助于孩子形成稳固的性格和行为习惯。然而，当生活的某些转变或父母自身的某些因素导致他们对孩子产生不满时，他们的情绪可能会发生剧烈波动，进而倾向于指责、训斥孩子。面对这种突如其来的态度转变，孩子可能会感到无所适从和难以接受。当这种压力累积到一定程度时，孩子可能会选择采取极端行为作为回应。

因此，在孩子成长过程中，父母保持态度的稳定性和行为的一致性是至关重要的。父母应该努力维持一种积极、支持和理解的态度，与孩子建立稳固的亲子关系。当出现问题时，父母应该采取开放、诚实的沟通方式，而不是通过指责和训斥来解决问题。这样可以帮助孩子更好地应对生活中的挑战，形成健康、积极的行为模式。

结束语

父母在孩子的成长道路上扮演着举足轻重的角色，他们的陪伴、教育和影响对孩子的身心健康发展具有不可替代的作用。这种家庭教育的独特性也对整个社会产生了深远的影响。每一位父母都肩负着家庭和社会所赋予的神圣使命，他们的责任重大且充满挑战。

无论家庭背景如何，父母都要以严谨的态度行事，耐心细致地教导孩子，妥善处理好人际关系，保持行为的一致性、真实性和自然性。同时，如果父母赋予孩子深厚的情感滋养，那么孩子就能在一个宽松、自由且充满独立精神的环境中茁壮成长。这样的成长环境将有助于孩子的智力发展和学习进步，为他们的未来奠定坚实的基础。

家庭环境是孩子情感结构和智力能力形成的关键因素，它深刻地影响着孩子的性格塑造、价值取向和人生轨迹。因此，每个家庭都应该高度重视家庭环境的建设，努力营造一个温馨、和谐、支持性的家庭氛围，以培育出更加优秀、自信、有责任感的孩子。这样的孩子将在人生的道路上绽放出属于自己的独特光芒，书写属于自己的辉煌篇章。